LA

BONNE ET PARFAITE

CUISINIÈRE

Grande et simple Cuisine

OUVRAGE NOUVEAU ET TRÈS-COMPLET

contenant le Service, la manière de découper les Viandes
l'art de la Cuisine; Viandes, Poissons, Légumes, Pâtisserie
Sirops, etc., etc.

Par CROISETTE
officier de bouche

5e ÉDITION

considérablement augmentée.

PARIS

FONTENEY ET PELTIER, ÉDITEURS,
28, rue de Condé.

LA BONNE

ET

PARFAITE CUISINIÈRE

LA

BONNE ET PARFAITE

CUISINIÈRE

GRANDE ET SIMPLE CUISINE

OUVRAGE NOUVEAU ET TRÈS-COMPLET

CONTENANT

LE SERVICE, LA MANIÈRE DE DÉCOUPER LES VIANDES,

L'ART DE LA CUISINE; VIANDES, POISSONS, LÉGUMES,

PATISSERIE, SIROPS, ETC., ETC.

PAR CROISETTE

Officier de bouche, Cuisinier en chef.

CINQUIÈME ÉDITION

PARIS

FONTENEY ET PELTIER, ÉDITEURS

28, RUE DE CONDÉ.

1863

INTRODUCTION

Rien n'est agréable, rien ne plaît comme d'a-
voir habituellement une bonne cuisine. Avec la
viande la plus fraîche et la meilleure, une personne peu instruite dans l'art culinaire ne fait
qu'un plat sans goût et sans saveur; tandis qu'un
savant cordon-bleu sait rendre friand et relevé
le morceau de viande le plus ordinaire, le plus
commun.

La cuisine a sur l'esprit et sur le cœur de
l'homme plus de puissance qu'on ne pense ;
elle le mène souvent sans qu'il s'en doute. Si
l'on voit un maître apprécier la cuisinière habile
qu'il possède, s'attacher à elle et s'en séparer
avec regret, on voit aussi le père de famille, que
ses affaires appellent dehors, revenir toujours
avec plaisir à la table domestique, quand il y
trouve des mets assaisonnés selon ses désirs et
son appétit.

On fait la cuisine en France mieux qu'on ne la fit jamais chez les anciens, mieux qu'en aucun pays du monde. Partout on recherche le cuisinier français. L'homme, gastronome riche, qui, pour traiter selon sa fortune et son rang, veut prendre un officier de bouche, ne le fait venir ni de Prusse, ni de Russie, ni d'aucun autre royaume, mais le choisit toujours de préférence de notre nation. C'est que l'officier de bouche français est un artiste, quelquefois même un savant ; c'est que, expérimenté, propre, intelligent, intègre, il a des mets exquis, des recettes délicieuses et variées pour tous les goûts, pour tous les estomacs.

L'ouvrage que nous publions doit son mérite à sa clarté, à sa méthode. Nous n'enseignerons rien que nous n'ayons expérimenté nous-même. Nous l'enseignerons d'une manière simple, afin d'être compris même de ceux qui possèdent à peine les premiers éléments de la cuisine. Plus de vingt années passées dans les grandes officines de la capitale, nous donnent la certitude que la *Bonne et parfaite Cuisinière* aura un complet, un plein succès.

LA BONNE

ET

PARFAITE CUISINIÈRE

OBSERVATIONS

SUR LE SERVICE DE LA TABLE.

Quand on doit donner à déjeuner ou à dîner, il faut se lever de bonne heure, commencer ses préparatifs dès la pointe du jour, nettoyer la salle et ne jamais laisser arriver les convives sans que le couvert soit mis.

Les personnes que vous invitez ont droit à votre sollicitude ; elles doivent trouver à votre table bon visage et commodité.

La nappe est couverte d'un napperon, qui

s'arrête aux assiettes des convives, afin qu'on puisse l'enlever au dessert sans les gêner.

Plats, assiettes, carafes, bouteilles, tout est rangé sur la table de manière à produire un coup d'œil agréable. Les verres, les couteaux, l'huilier, les salières, les fourchettes, les cuillers concourent à la décoration générale.

Chaque convive est assis à une distance convenable de son voisin. Tous sont à l'aise. Les vins, montés à l'avance, sont à proximité et dans l'ordre où ils doivent être servis. Bientôt le repas commence, et le maître de la maison surveille, découpe et fait les honneurs.

Les domestiques sont chargés de remplir les carafes d'eau, d'enlever les bouteilles vides, de les remplacer par des bouteilles pleines et de prévenir toute demande des convives.

LE MENU ET LE SERVICE

Par menu, on entend la liste des mets qui doivent composer le repas; c'est la carte du dîner. On ne la fait pas connaître ordinairement aux convives afin de leur ménager la surprise; cependant, dans quelques maisons, on leur distribue la liste du menu.

On entend par service le nombre de plats qu'on sert ensemble.

Un repas n'a qu'un service quand, après le potage, tous les services sont servis à la fois. De là vient qu'on l'appelle ambigu.

Le déjeuner est habituellement un repas à un service.

Un repas à deux services quand on sert à la fois les entrées et les entremets; le dessert forme le second service.

Dans un repas à trois services, les entrées, potage, relevé de potage, entrées et hors-d'œuvre, forment le premier service. On appelle relevé le bœuf du potage ou autre gros morceau de viande qui succède au potage. Les entrées sont les plats de viande, gibier, volaille, poisson. Les hors-d'œuvre sont des mets appétissants et légers : thon mariné, huîtres, crevettes, anchois, sardines, beurre, radis, etc.

Dans la figure ci-après, on voit la disposition des plats pour un repas de douze couverts.

PREMIER SERVICE.

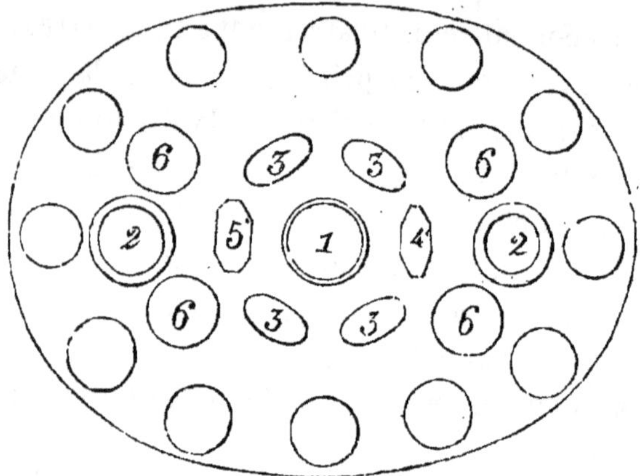

1. Le potage. — 2. Hors-d'œuvre chauds. — 3. Hors-d'œuvre froids. — 4. Huilier. — 5. Saucière. — 6. Entrées.

Le potage est placé au milieu. Dès qu'il est servi, la soupière est enlevée, et à sa place on met le relevé ou simplement le bœuf avec du persil autour. Pendant que le relevé s'apprête, on distribue les hors-d'œuvre, puis les entrées.

Il faut que les sauces soient différentes, que les

plats soient divers comme les goûts, afin que chacun y trouve son mets de prédilection. On met
aussi des réchauds sous les plats que l'on veut conserver chauds.

DEUXIÈME SERVICE.

(ENTREMETS.)

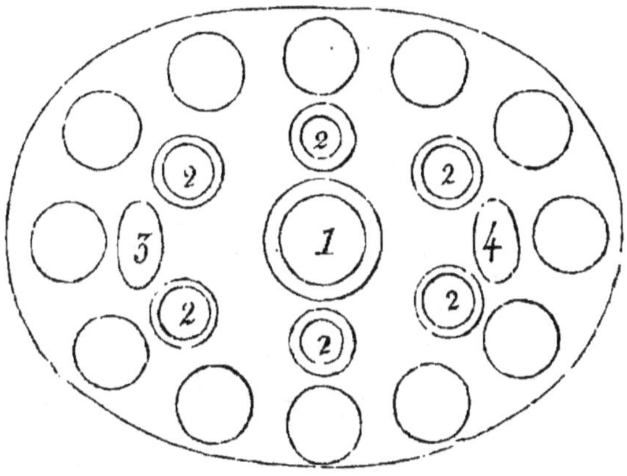

1. Rôti. — 2. Entremets. — 3. Salade. — 4. Huilier.

Il se compose du rôt, des entremets chauds et
froids, et de la salade.

On retire les relevés, les entrées et les hors-
d'œuvre, on laisse le beurre et les olives ; on enlève également les réchauds qui sont à l'endroit
où l'on doit placer les entremets froids. On ôte les
bouteilles de vin ordinaire pour les remplacer par
des vins meilleurs.

Le rôti est offert aussitôt qu'il est découpé ; on présente ensuite les légumes, les fritures, les entremets sucrés, la salade, qu'on mange soit seule, soit avec le rôti. On l'assaisonne à table ou hors de table. Elle est retournée soit par un domestique, soit par un convive.

TROISIÈME SERVICE.

(LE DESSERT.)

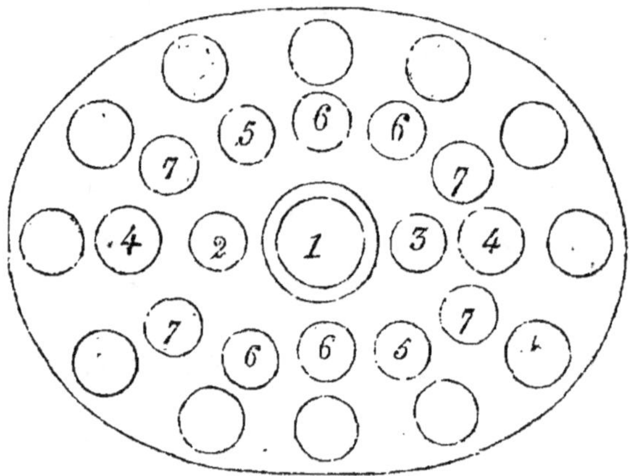

1. Grosse pièce. — 2. Fromage. — 3. Sucrier. — 4. Fruits confits. — 5. Biscuits. — 6. Tartes et confitures. — 7. Conserves et compotes.

Le dessert est composé de fruits, de mets friands, de liqueurs fines, de vins choisis et délicats.

Quand tous les convives ont fini les entremets,

quand tout le monde a cessé de manger, on enlève le napperon, les verres ordinaires et ceux des vins précédents. On ôte les restes et les miettes de pain qui sont sur la nappe. On apporte les assiettes, les couteaux, les cuillers du dessert.

Ensuite on sert le fromage, puis les pâtisseries, les fruits, les compotes, les crèmes, les sucreries, remettant, après avoir servi, chaque plat en place, afin de conserver la symétrie.

On n'enlève le dessert, on ne retire, en un mot, le troisième service que quand les convives ont quitté la table.

Le repas ainsi fait, on passe au salon, où les tasses, le sucrier, la cave à liqueurs, sont préparés et attendent. Bientôt la liqueur noire et odorante pétille : le café est servi. C'est alors que le maître de la maison, en voyant la joie de ses convives, triomphe et goûte véritablement le plus suave plaisir.

Le repas qui n'a qu'un service, qu'on appelle aussi *ambigu*, se compose de mets froids aussi bien que de viandes chaudes.

Le déjeuner se compose également de mets froids, pâtés, rôtis, jambons, galantines, saucissons, huîtres, artichauts, melons, radis, beurre, fromages, fruits, etc., et de mets chauds, tels que :

1.

omelette, œufs à la coque, biftecks, côtelettes, saucisses, boudins, etc.

Il est inutile de recommander aux domestiques la propreté et la politesse. Ils assistent au repas pour servir les convives ; le bon sens dit qu'ils doivent se montrer pleins de prévenance, doux et polis. Debout derrière leurs maîtres, ils sauront deviner leurs ordres et prévenir tout désir.

Quant à la place que chacun doit occuper à table, elle est selon l'âge et le rang. Les étrangers ont droit aux premiers égards. La place d'honneur pour les dames est à la droite du maître ; pour les hommes, à la droite de la maîtresse. Les secondes places sont à gauche ; les autres suivent dans le même ordre.

Avant d'entrer en matière, et pour ne pas avoir à le faire plus tard, nous allons donner quelques explications sur différents termes de cuisine.

TERMES DE CUISINE

ABAISSE. On fait une abaisse quand on aplatit la pâte avec un rouleau pour la pâtisserie.

ABATIS. On appelle abatis les pattes, les ailes, le cou, le foie et le gésier d'une volaille.

ASSIETTE. On appelle assiettes les petites entrées, les hors-d'œuvre que peut contenir une assiette. On dit aussi assiette de dessert, de fruits, de fromage, de biscuits, de mauve, de pâtisserie.

BAIN-MARIE. On dit que des mets sont cuits au bain-marie quand ils sont cuits dans un vase plongé dans un autre vase qui contient de l'eau bouillante. On fait cuire au bain-marie quand on veut faire cuire doucement, et quand on ne veut pas que le plat soit en contact immédiat avec le feu.

BARDES. On appelle bardes des tranches

minces de lard qu'on attache avec des ficelles sur le ventre ou le dos du gibier ou des volailles qu'on met à la broche.

BLANCHIR. Quand on veut faire blanchir de la viande, des légumes ou des fruits, on les met dans l'eau bouillante, on leur fait faire quelques bouillons, puis on les retire pour les passer dans l'eau fraîche.

BLEU. On met un brochet, une carpe au bleu quand on fait cuire ces poissons dans du vin blanc.

BOUQUET. Pour relever la saveur des ragoûts, on met un petit bouquet, appelé bouquet garni, composé de persil, ciboule, d'un morceau de feuille de laurier, d'une gousse d'ail, de clous de girofle et de thym. On retire le bouquet avant de servir la sauce.

BRAISER. Faire cuire dans une marmite ou casserole hermétiquement fermée, afin qu'il n'y ait pas d'évaporation.

BRAISIÈRE. Casserole allongée ayant un couvercle avec rebords pour arrêter et empêcher le feu qu'on met dessus de tomber.

BROCHE. Longue verge de fer plate, pointue d'un bout et percée de petits trous pour recevoir les brochettes.

BROCHETTE. On se sert de brochettes en bois ou en argent pour retenir le rôti à la broche.

CAISSES. Petites boîtes légères en sapin ou en papier, dans lesquelles on met confitures, pâtes sucrées ou biscuits.

CARAMEL. On l'obtient en faisant brunir un peu de sucre dans le fond d'une casserole et en y versant un verre d'eau ou de bouillon en tournant. On l'emploie avec la barbe d'une plume pour colorer les viandes ou donner de la couleur aux sauces.

CENDRER. Mettre de la cendre sur un fourneau pour arrêter la force du feu.

CISELER. Faire de légères incisions sur le dos d'un poisson, afin qu'en cuisant il ne se déchire pas.

CLARIFIER. Liquide que l'on passe et que l'on distille.

COMPOTE. On fait des compotes de canard, de pigeon, etc. Ce terme s'applique surtout aux fruits.

CONCASSER. Veut dire piler grossièrement.

COULIS. Jus de viandes qu'on emploie pour relever les sauces.

CUILLERS. Pour la cuisine, il faut se servir de cuillers en bois.

DÉBRIDER. Oter la ficelle qui bride une volaille ou un gibier après la cuisson.

DÉGORGER. On fait dégorger les viandes afin de les débarrasser du sang qu'elles contiennent et de les rendre plus blanches en les mettant tremper dans l'eau froide.

DÉSOSSER. C'est ôter les os de la volaille et du gibier ou les arêtes des poissons.

ÉCHAUDER. Jeter de l'eau très-chaude sur un animal dont on veut enlever la plume ou le poil, ou sur les aliments avant de les faire cuire et de les accommoder.

ÉMINCER. C'est couper les viandes en tranches très-minces.

ENTRÉES. Mets qui se servent au commencement du repas, avant le rôt.

ENTREMETS. Les mets qui se servent avant le dessert.

ÉTAMINE. C'est un morceau de laine claire ou de poil, qui sert à passer les coulis, les sauces, les sirops.

ÉTOUFFER. C'est faire cuire dans un vase bien clos, pour empêcher l'évaporation.

FARCE. Hachis de viande dont on remplit les volailles et autres mets.

FILET. Le filet est le morceau le plus délicat du gibier, de la volaille, de la viande de boucherie. Dans le bœuf, le filet touche à l'aloyau; dans les volailles, c'est la partie blanche ; dans le poisson, c'est la chair débarrassée des arêtes, découpée en filets.

FILTRER. Passer un liquide dans un papier fait en forme d'entonnoir.

FLAMBER. C'est passer une volaille ou un gibier à plume sur une flamme vive et claire, après les avoir plumés, pour en brûler le duvet.

FONCER. C'est mettre au fond d'une casserole des bardes de lard, de jambon, pour faire cuire en braise.

FRÉMIR. Faire frémir, c'est faire cuire doucement, sans bouillir. L'eau frémit quand elle est prête à jeter des bouillons.

GLACER. C'est étendre, avec une plume ou un pinceau, sur les viandes ou volailles prêtes à servir, les jus ou coulis que l'on nomme glace ; c'est couvrir les fruits et la pâtisserie de sucre qui se cristallise.

GRIL. Ustensile en fer ou en fil de fer pour faire griller viandes, poissons.

HABILLER. C'est brider, trousser une volaille; c'est écailler et vider un poisson.

HORS-D'ŒUVRE. Petits plats que l'on sert avant les entrées.

LARDER. Introduire des lardons dans une viande, volaille ou gibier.

MARINER. On marine les viandes crues ou les poissons, pour leur donner du goût, de la saveur et les conserver. La marinade varie suivant les objets. Cependant la plus ordinaire est composée de vinaigre, de sel, de poivre, épices, huiles odoriférantes, etc.

MENU. Composition, liste du repas.

MIJOTER. Faire cuire lentement, à petit feu.

MINCER. Couper mince.

MITONNER. Faire bouillir longtemps à petit feu.

MOUILLER. Mettre, pendant la cuisson, de l'eau, du bouillon ou autre liquide.

PANER. C'est jeter de la mie de pain très-fine sur les viandes que l'on veut faire cuire.

PARER. C'est ôter aux viandes les peaux, les nerfs, les graisses superflues, qui les déparent.

PASSER. Faire faire quelques tours dans une casserole à une viande ou à des légumes.

PIQUER. La viande étant parée, on prend des filets menus de lard, et on la pique avec une lardoire. On pique les grosses viandes, autant que possible, dans le sens du fil de la viande ; le gibier et la volaille, en travers.

POÊLE. Ustensile en fer avec queue pour faire des omelettes et faire frire.

POISSONNIÈRE. Vase de cuivre étamé, au fond duquel est adaptée une feuille de cuivre percée de trous, avec deux anses, pour enlever le poisson sans le briser.

QUENELLES. Viandes hachées, pilées et façonnées en boulettes.

REVENIR. Faire passer la viande dans du beurre.

ROUX. Mélange de beurre et de farine, qu'on met sur le feu et qu'on tourne jusqu'à ce qu'il devienne roux.

SAUTER. Agiter et faire cuire vivement, sur un feu vif, dans une casserole ou une poêle.

TAMIS. Instrument pour passer les sauces et le bouillon, afin de les débarrasser de l'écume et des os.

TAMISER. Passer au tamis.

TIMBALE. Nom du moule dans lequel on fait cuire quelque chose qui en conserve la forme.

TOURNER. On tourne une sauce pour l'empêcher de s'attacher. On tourne un navet, une carotte, afin de leur donner une forme élégante. On tourne citrons et oranges en ôtant légèrement leur écorce.

TROUSSER. Trousser une volaille, c'est attacher contre le corps les cuisses et les ailes avant de la mettre à la broche ; c'est l'assujettir.

ZESTE. Épiderme, peau mince, jaune et odorante, qui enveloppe le citron, les oranges.

INSTRUCTION

BOEUF.

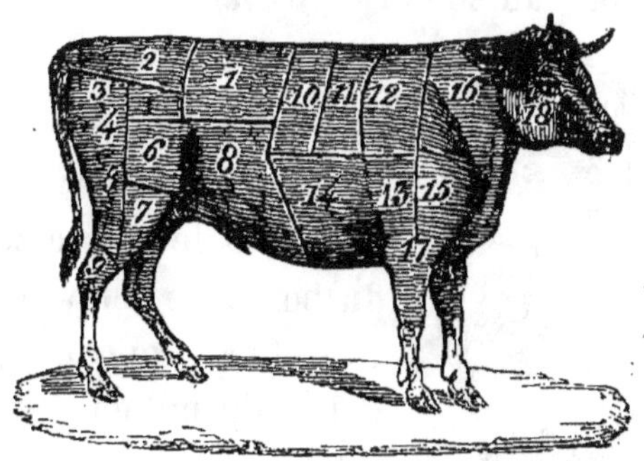

Nº 1. Aloyau dans l'intérieur duquel se trouve le filet.
2. Culotte.
3. Tranche ou petit os.
4 et 5. Gîte à la noix.
6. Tranche grasse.
7. Gîte ou jarret.
8. Flanchet et bavette d'aloyau.
9. Grosse (os).
10. Côte couverte.

Nº 11. Côte découverte.
12. Derrière de paleron.
14. Plat de côte et poitrine.
13 et 15. Macreuse ou paleron couvert, et boîte à la moelle.
16. Collier.
17. Gîte ou jarret d'épaule.
18. Plat de joue.

Pour faire le pot-au-feu, on achète ordinairement la culotte, la tranche ou la poitrine du
bœuf.

Le potage étant servi, on coupe le bouilli en
travers par tranches. On doit faire en sorte de
mettre un peu de gras avec chaque morceau, ainsi
coupé court.

Le bœuf à la mode, qui est ordinairement un
morceau de tranche piqué d'après le fil de la
viande, se coupe de manière que les lardons de
chaque morceau soient en travers.

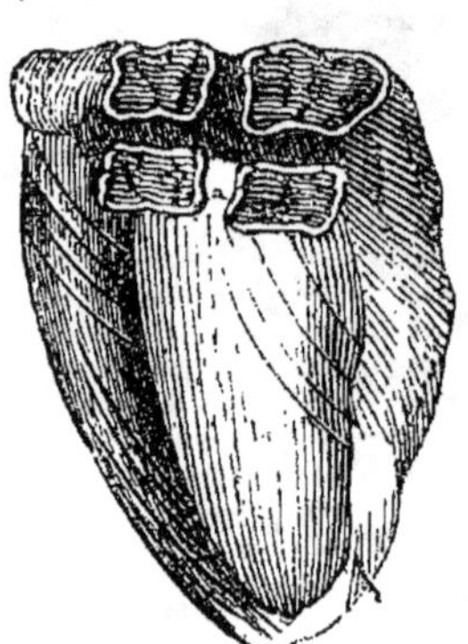

Aloyau.

Le filet, morceau le plus
délicat et le plus distingué
du bœuf, se coupe en tra-
vers et par tranches égales.
Celles du milieu sont plus
estimées que celles des
bouts.

VEAU.

No 1. Longe.
2. Quasi.
3. Rouelle.
4. Jarret.
5. Jarret.

No 6. Carré ou côtelettes.
7. Bas de carré et collet.
8 et 9. Poitrine ou tendron.
10. Épaule.

Carré de veau.

On se sert ordinairement du veau pour faire

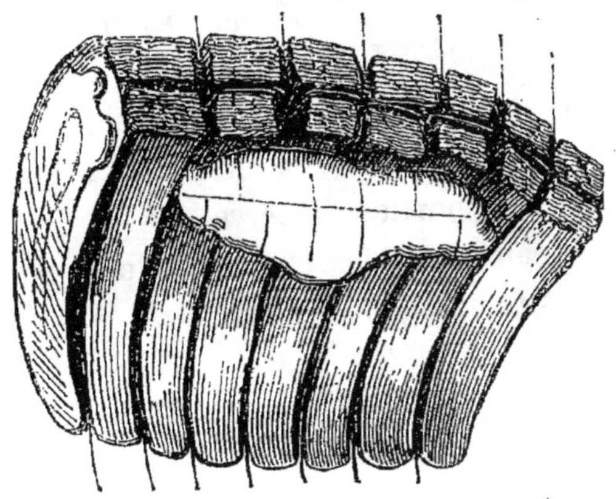

des rôtis. Quand on veut découper un carré de veau, on lève d'abord le filet et le rognon; on les coupe par portions égales, ensuite on découpe chaque côte. Cette opération est assez facile, parce que le boucher, en vous servant, a toujours le soin de donner à chaque jointure un coup de couperet.

Tête de veau.

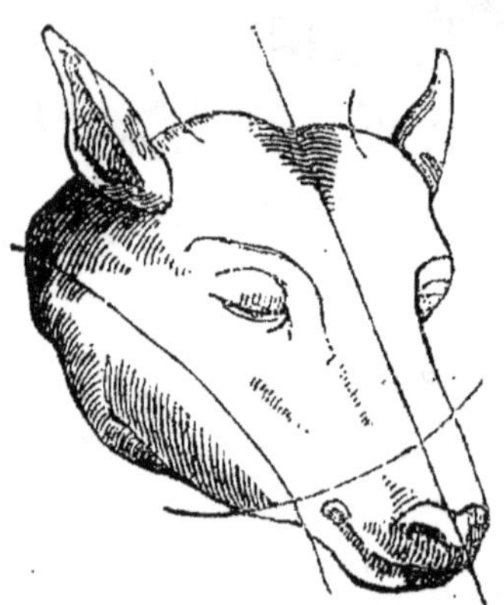

On mange la tête de veau au naturel, avec de l'huile et du vinaigre, ou même simplement du vinaigre. Quand la partie du dessous du crâne a été enlevée, on coupe les bajoues, les tempes, les oreilles, les yeux, morceaux qu'on estime le plus. En offrant chaque morceau, on sert, avec la cuiller, une petite portion de cervelle.

La tête de veau demande à être servie lestement; car elle doit être mangée chaude.

MOUTON.

N° 1. Gigot.	N° 5. Côtelette découverte et
2. Filet.	col.
3. Selle.	6. Épaule.
4. Carré ou côtelette cou-	7. Poitrine.
verte.	

On se sert aussi de mouton pour rôtis. Le meilleur mouton est celui des prés salés.

On dissèque le carré de mouton de la même manière que le carré de veau.

Gigot de mouton.

On le découpe horizontale - ment, en allant vers l'os en dedans, et en

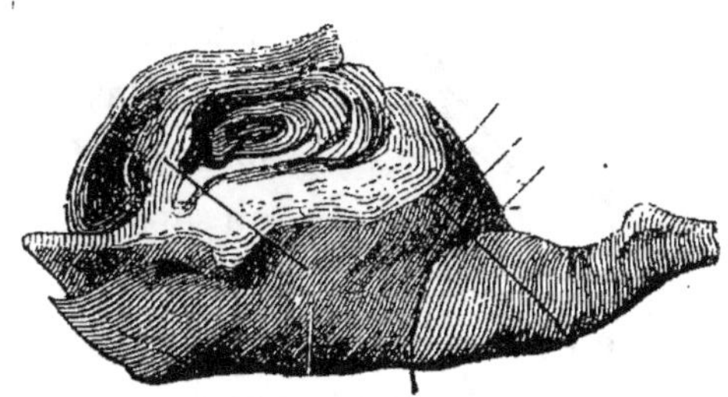

tranches minces ; elles semblent ainsi plus délicates. En le découpant, il en sort un jus sanguinolent, avec lequel on arrose chaque tranche.

L'épaule de mouton se découpe à peu près comme le gigot.

AGNEAU ET CHEVREAU.

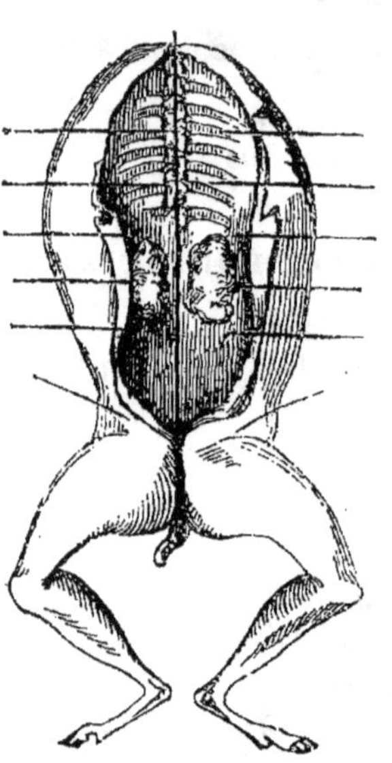

On met ordinairement un quartier d'agneau en entier à la broche, c'est-à-dire la partie postérieure, celle qui comprend les gigots.

Quand on veut le découper, on le partage en deux parties égales dans sa longueur ; puis, ainsi coupé, on le divise par côtelettes ou par doubles côtelettes ; ensuite on sépare les gigots, que l'on coupe par tranches.

On agit pour le quartier de chevreau, comme il vient d'être dit pour le quartier d'agneau.

COCHON.

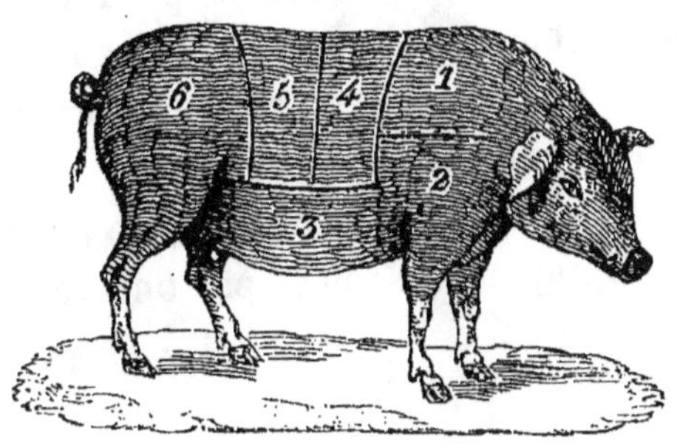

Nº 1. Côte découverte et col.	Nº 4. Côte couverte.
2. Jambonneau.	5. Échine.
3. Poitrine.	6. Jambon.

Le cochon n'est pas un mets d'une extrême distinction, cependant le jambon offre un relevé distingué et se sert ordinairement froid et paré. On le coupe par tranches, de manière que chaque morceau offre, à volonté, du gras et du maigre.

Cochon de lait.

Dès que le cochon de lait paraît sur la table il faut se hâter de le servir. Il cesserait d'être un mets agréable et flatteur

2

s'il se refroidissait ; sa chair ne serait plus croquante.

On coupe la tête, on enlève la peau du dos, des flancs, des cuisses, du ventre, et on la coupe en carrés. On fait en sorte qu'à chaque carré de peau il y ait un peu de chair.

Ce qui reste de la chair étant fade, ne peut être mangé qu'en ragoût, ou relevé par une sauce piquante.

SANGLIER.

On ne voit guère figurer sur nos tables que le filet et la hure du sanglier. On mange la hure en entremets, désossée et froide.

On la coupe de part en part par tranches, en commençant au-dessus des défenses.

LIÈVRE ET LAPIN.

Il y a peu de différence entre la manière de faire cuire et de faire paraître sur table le lièvre et le lapin.

On coupe la partie du devant, qui devient un

civet ; l'on barde ou l'on pique fin le derrière, on
le fait rôtir et on le sert avec
une sauce piquante qui re-
hausse son fumet.

LIÈVRE.

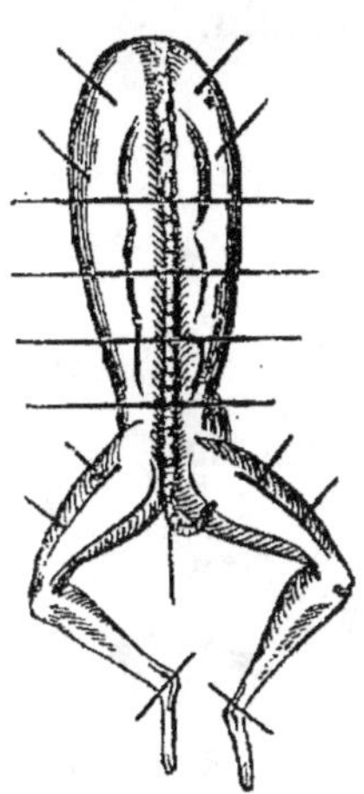

Pour disséquer le lièvre, il
faut glisser la lame du couteau entre les côtes et la chair
de chaque côté de l'épine du
dos, on enlève ainsi le râble,
qui est la partie la plus délicate, et que l'on coupe en
tranches : le filet qui se trouve sous le râble est mince ,
mais ne doit pas être dédai-
gné. On coupe ensuite les côtes de deux en
deux , on
lève éga -
lement le
morceau
du chas-
seur, c'est-
à-dire que
l'on déta-

LAPIN.

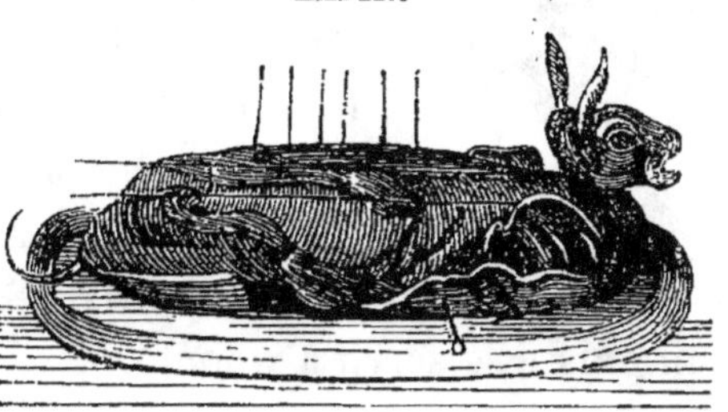

che la queue avec une portion de chair. C'est
le morceau qui a le plus de fumet et que préfèrent les vrais gourmets. Enfin, on coupe,

la partie supérieure et chacune des cuisses. Ce que nous venons de dire du lièvre s'applique au lapin.

FAISAN, CHAPON, POULARDE
ET POULET.

Ces différentes espèces de volailles rôties se découpent à peu près de la même manière.

POULET.

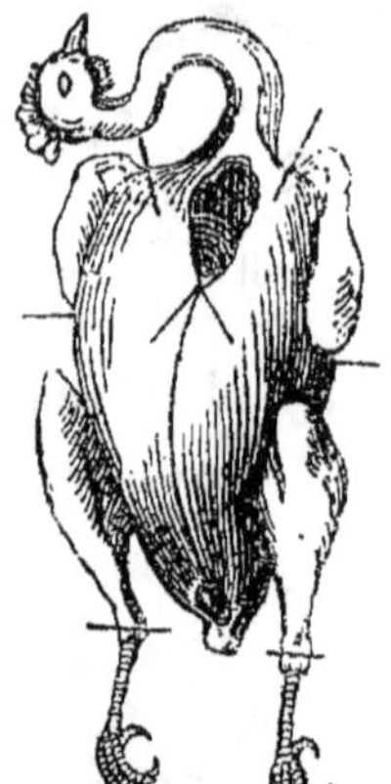

On commence par lever une cuisse et l'aile du même côté; puis, l'autre cuisse et l'autre aile, on lève ensuite les blancs. On brise le croupion et on partage la carcasse. On subdivise les cuisses et les ailes selon que l'on veut faire fortes ou minces les parts; puis, après avoir rangé tous ces morceaux dans une assiette, on la passe aux convives, afin que chacun puisse se servir à volonté.

OIE, CANARD.

On découpe l'oie et le canard de la même manière. On les sert bien cuits, et on découpe des aiguillettes le long de l'estomac jusque sur les

OIE.

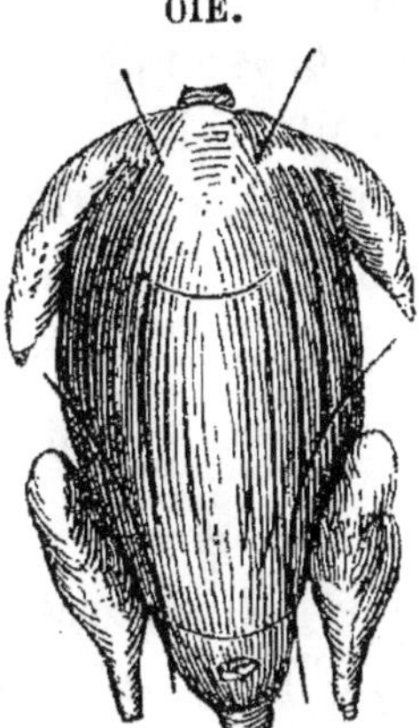

CANARD.

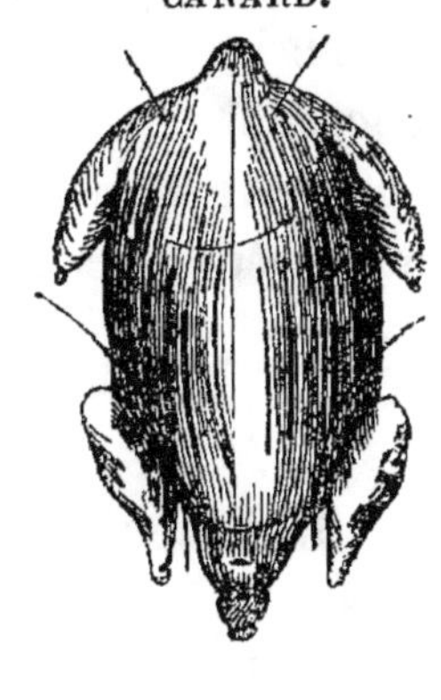

ailes et les cuisses.

DINDE.

On découpe la dinde comme il vient d'être dit de l'oie et du canard, en enlevant des filets sur toutes les parties charnues de son corps.

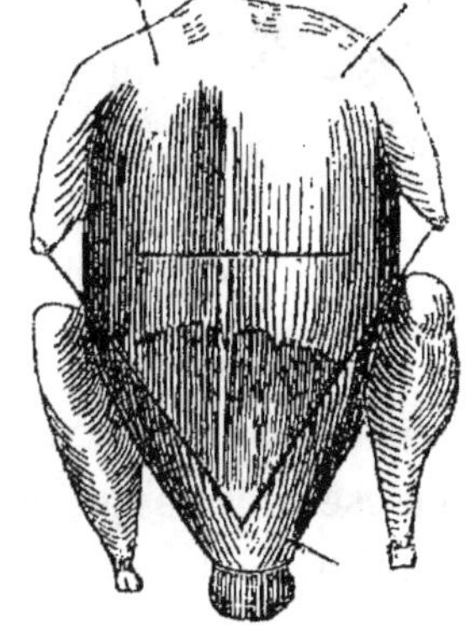

Ou bien on la découpe comme le chapon et le poulet, en enlevant les iales et les cuisses ; servant d'abord les ailes cou-

2.

pées en morceaux et levant ensuite les blancs.
On brise la carcasse et le croupion.

On brise encore, si l'on veut, le corps au-dessus du croupion après avoir levé les ailes ; le croupion reste ainsi adhérent aux cuisses, et forme une espèce de capuchon appelé bonnet d'évêque.

PIGEON.

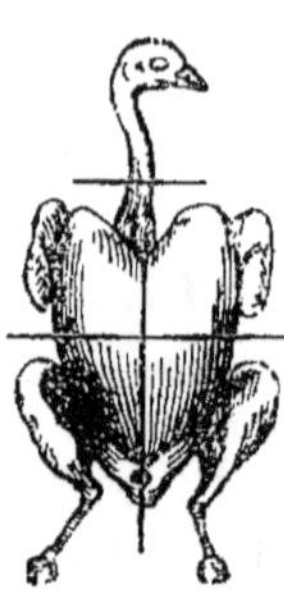

Si le pigeon est gras et gros, on le coupe en quatre, et à chaque partie il reste ainsi un membre. S'il est petit ou maigre, on le coupe seulement en deux ; alors une partie a les deux cuisses, l'autre les deux ailes, ou bien chaque partie a une cuisse et une aile ; alors il est coupé en long.

PERDREAUX, PERDRIX.

On découpe les perdrix à peu près comme les autres volailles. Les gourmands préfèrent la cuisse ; les dames aiment mieux l'aile, qui est en effet le morceau le plus délicat.

BÉCASSE, BÉCASSINE.

La bécasse, mets délicieux et distingué, se sert sur des rôties arrosées de jus de citron. On la découpe comme une poularde, en levant les quatre membres.

POISSONS.

Les meilleurs poissons sont ceux qui vivent dans les rivières. Plus l'eau qui coule est claire et rapide, meilleur est le poisson. Ceux qui vivent dans les lacs, dans une eau bourbeuse et n'ayant point de cours, sont moins bons.

Turbot.

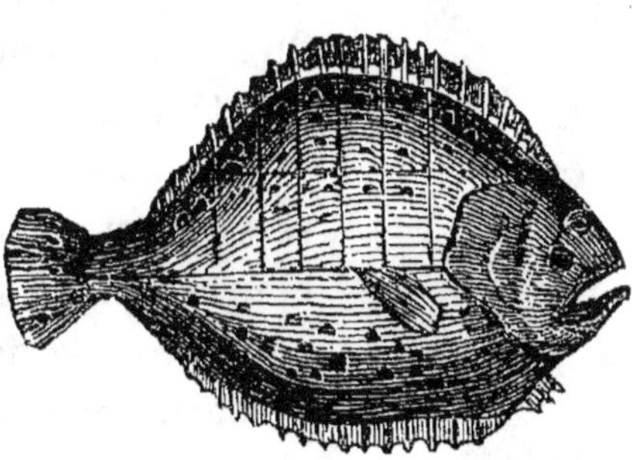

Le turbot se sert à la truelle et forme un relevé très-recherché. On tire une ligne longitudinale sur le milieu de son corps, allant de la tête à la queue ; on le divise par d'autres transversales qui vont de cette ligne jusqu'aux bardes. On lève avec la truelle les morceaux coupés entre ces lignes.

On sert le ventre, qui est la partie du turbot la plus délicate ; lorsqu'il n'en reste plus rien, on lève l'arête du milieu , et l'on sert le dos de la même manière.

On offre ordinairement les barbes aux dames comme le morceau le plus friand.

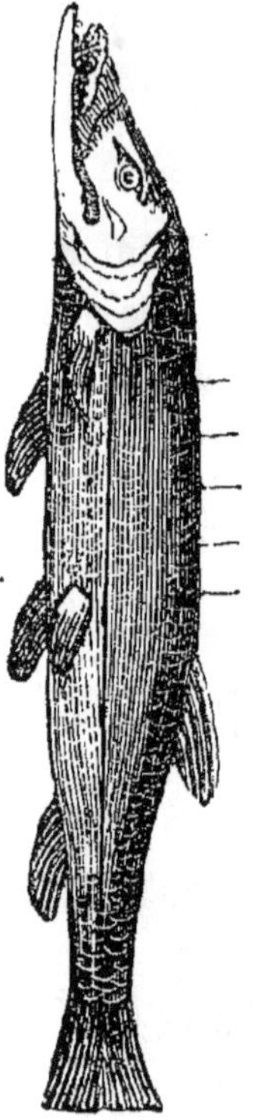

BARBEAU, BROCHET,
CARPE ET TRUITE.

Le barbeau se sert au bleu. On le mange à l'huile et au vinaigre. On le divise comme le turbot en tirant une ligne longitudinale sur son dos, puis d'autres lignes transversales, et on sert chaque morceau compris entre ces lignes.

On procède de même pour le brochet, poisson d'eau douce recherché, ayant soin de couper d'abord la tête qui passe pour un morceau délicat.

Carpe.

Même observation au sujet de la carpe, dont on enlève la peau et les écailles, que l'on met de

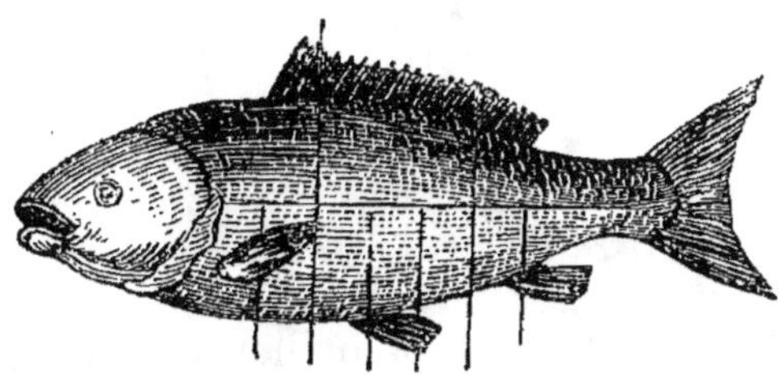

côté. Même dissection de la truite, qu'on retourne comme le brochet, quand un côté est servi, pour servir l'autre côté. Les morceaux du côté du dos et les plus rapprochés de la tête sont toujours les plus délicats.

POTAGES

Potage au gras, pot-au-feu.

Le bœuf est la viande la meilleure pour faire le bon bouillon. Plus la viande est saine et fraîche, plus nourrissant est le bouillon. Les morceaux préférés sont la tranche, la culotte, l'aloyau, la noix.

Il faut mettre la viande dans l'eau froide, saler et faire bon feu. Cependant le feu ne doit pas être tel qu'il mette tout d'un coup le bouillon en ébullition. L'écume doit auparavant monter et être enlevée.

Une fois le pot écumé, on met dedans les légumes : navets, carottes, poireaux, panais, céleri, un peu de feuille de laurier, un clou de girofle, une gousse d'ail et un oignon brûlé.

Il faut ensuite laisser bouillir à petit feu, sans discontinuation, environ durant cinq ou six heures.

Les abatis de volailles, un morceau de poitrine
de mouton, joints au bœuf, loin de nuire à la qualité du bouillon, ne font qu'en relever le goût et
le rendre plus délicat.

Quand la viande est cuite, on la retire et on passe
le bouillon dans un tamis ou dans une passoire.

Quand il fait très-chaud ou quand le temps est
à l'orage, il faut faire bouillir le bouillon chaque
jour afin de le conserver.

Le chou mis dans le pot-au-feu n'en ôte pas la
bonté, mais en change un peu la nature et en empêche surtout la conservation.

Consommé.

Le consommé se fait en augmentant la quantité de viande. Aussi se réduit-il en gelée quand
il est froid. Pour deux litres d'eau, mettez un
kilogramme de tranche maigre de bœuf, des débris de volaille ou une volaille entière, ajoutez légumes comme au bouillon, faites cuire neuf ou dix
heures à petit feu, et réduisez au tiers.

Bouillon de veau.

Prenez un morceau de veau ou de mou de veau,
et faites bouillir une heure dans un litre d'eau

avec quelques herbes rafraîchissantes : feuilles de laitue, cerfeuil.

Bouillon de poulet.

Le bouillon de poulet se fait comme le bouillon de veau, en mettant une moitié de poulet maigre dans un litre d'eau et quelques herbages.

Potage à la purée de volaille.

Quand on est à la campagne, privé de la viande de bœuf, on peut parfaitement employer les chairs de volaille ou de gibier en purée.

On coupe la volaille en morceaux ; on la fait cuire comme un pot-au-feu.

Lorsqu'elle est cuite, on enlève les chairs, on les pile avec de la mie de pain, on délaye avec leur bouillon et l'on passe à la passoire.

Ensuite, on trempe le pain avec le bouillon, l'on verse par-dessus la purée, ou bien on verse sur des tranches de pain grillé au lieu de verser sur le pain.

Bouillon en une heure ou à la minute.

Pour faire un bouillon en une heure ou à la minute, il faut prendre un morceau de bœuf, le cou-

per en petits morceaux, et le mettre dans une casserole avec un peu d'eau, carottes, oignons, navets
coupés également.

Quand le tout a mijoté et commence à s'attacher au fond de la casserole, versez un demi-litre
d'eau bouillante, ajoutez du sel, laissez bouillir
une demi-heure et passez au tamis.

On peut aussi hacher la viande, et, en la mettant
dans une casserole, mettre en même temps les
légumes et l'eau.

Croûte au pot.

Faites griller des tranches de pain, ou prenez
des croûtes de pain bien cuit, et mettez-les au fond
d'une casserole avec un peu de bouillon sur un
feu doux. Laissez tarir le bouillon; quand les croûtes commencent à gratiner, versez de nouveau un
peu de bouillon chaud et servez.

Potage au vermicelle.

Mettez du bouillon dans une casserole; quand
il est bouillant, jetez-y votre vermicelle, après
l'avoir brisé en le pressant dans la main. Remuez
un peu au commencement et laissez ensuite
bouillir.

Riz au gras.

Nettoyez et lavez votre riz plusieurs fois à l'eau tiède. Mettez-le ensuite crever dans une petite quantité de bouillon. Quand ce bouillon est tari, versez-en d'autre, de manière que votre potage soit convenable, c'est-à-dire ni trop épais, ni trop clair; laissez bouillir ensuite une demi-heure.

Riz au maigre.

Après avoir lavé le riz, mettez-le crever à l'eau avec sel et poivre. Lorsqu'il est cuit et prêt à servir, retirez du feu, mettez le beurre, et avec deux jaunes d'œufs mêlez et liez.

Riz au lait.

On le fait comme celui au gras, avec cette différence, cependant, qu'au lieu de bouillon on y met du lait, du sucre, et un peu de feuille de laurier. On peut y joindre deux jaunes d'œufs.

Potage de semoule, fécule.

On délaye la semoule ou la fécule dans un peu de bouillon chaud. Quand elle est bien délayée, on la verse dans le bouillon quand il bout, et l'on remue sans cesse, faisant cuire doucement.

Potage au lait.

On met un peu de sel et de sucre dans du lait. Quand le lait est bouillant, on y ajoute une liaison de jaunes d'œufs, on fait prendre sur le feu, en tournant avec une cuiller de bois ; quand le lait s'épaissit et s'attache à la cuiller, on le verse sur le pain taillé en tranches minces.

Potage à la Monaco.

Prenez des tranches minces de mie de pain, poudrez-les de sucre, et faites-les griller ; quand elles sont grillées bien jaune, mettez-les dans la soupière et jetez dessus du lait bouillant avec un peu de sel ; vous pourrez y joindre une liaison de jaunes d'œufs, si vous voulez.

Potage au macaroni.

Jetez votre macaroni dans du bouillon bouillant, laissez cuire environ une heure, et un peu avant de servir, saupoudrez ce potage d'un morceau de fromage râpé.

Potage de purée de pois, lentilles, haricots, navets, pommes de terre, etc.

Tous ces potages se font de la même manière. On met les pois dans une marmite avec sel, carottes, poireaux, céleri. On y met du lard, si on veut que le potage soit au gras. Les légumes étant cuits, on les écrase et on les passe au tamis. On dresse alors son potage, on le trempe avec du bouillon dans lequel les légumes ont cuit, et on verse la purée dessus.

On jette aussi la purée sur des croûtons taillés en forme de dés et frits dans le beurre.

Bouillon et potage maigre.

Pour faire le bouillon maigre, on met dans une marmite eau, carottes, navets, oignons, panais, céleri, choux, persil, clous de girofle, sel. A tous ces légumes ajoutez un bon morceau de beurre. Faites bouillir jusqu'à ce que tout soit bien cuit, et passez au tamis.

Potage, soupe aux choux.

Mettez votre marmite au feu avec de l'eau, du lard, et, si vous voulez, un morceau de poitrine de mouton. Quand tout commence à bouillir, mettez-y votre chou, des navets, des carottes, des poireaux, céleri, oignons, un cervelas même, afin que votre soupe soit encore meilleure. Les pommes de terre, quand on en met, ne doivent être ajoutées que bien plus tard, une heure avant de servir. Mises en même temps que les autres légumes, elles s'écraseraient et rendraient le bouillon trop épais.

Quand tout a bouilli pendant trois ou quatre heures, on sert. La viande et les légumes seront servis sur un plat après la soupe.

Soupe aux choux maigre.

Pour faire une soupe aux choux maigre, on fait blanchir un chou après l'avoir coupé en morceaux. Quand il est blanchi et a perdu son âcreté, on l'égoutte, et alors on le met dans la marmite avec carottes, navets, poireaux, oignons, clous de girofle, sel et poivre. Une heure avant de servir, on ajoute le beurre et quelques pommes de terre, si l'on veut.

On peut, à ce potage, ajouter du lait, en le versant bouillant dessus avant de servir; mais alors il faut avoir soin d'y mettre moins d'eau.

Soupe à l'oignon.

Coupez un oignon bien menu, jetez-le dans la casserole avec un bon morceau de beurre; faites roussir, ajoutez une pincée de farine.

Mettez la quantité d'eau nécessaire avec sel, poivre ; faites bouillir et trempez.

Potage aux choux-fleurs.

Nettoyez vos choux-fleurs, coupez-les par morceaux et faites-les revenir à la casserole avec un
morceau de beurre jusqu'à ce qu'ils soient roux.
Mouillez-les alors avec eau ou bouillon; assaisonnez, faites griller des tranches minces de pain, jetez-les dans votre potage, laissez mijoter et servez.

Potage à la Chantilly.

Ce potage est à la purée de pois verts, mêlé avec
du bouillon et assaisonné comme on le désire. On
le verse sur des croûtons frits ou des filets minces
de pain.

Potage aux herbes.

Nettoyez une poignée d'oseille, prenez cerfeuil,
laitue et poirée. Hachez le tout, et faites cuire avec
du beurre et du sel. Lorsque tout est réduit et
cuit, ajoutez de l'eau ou du bouillon maigre; faites
de nouveau un peu bouillir, et, au moment de servir, liez le tout avec des jaunes d'œufs.

Potage à la julienne.

Coupez en petits morceaux et par petits filets
carottes, navets, panais, poireaux, pieds de céleri,

oignons ; prenez laitue, cerfeuil, poirée, hachez-
les ; prenez pois verts et faites cuire à moitié avec
du beurre. Mouillez ensuite, selon que vous voudrez que votre potage soit au gras ou au maigre,
avec du bouillon ou de l'eau ; laissez bouillir jusqu'à ce que tout soit bien cuit, et servez avec ou
sans pain.

Potage printanier.

Le potage printanier se fait comme le potage à
la julienne. Ne vous assujettissez cependant pas à
couper les légumes, carottes, navets, oignons en
aussi minces morceaux. Ajoutez des pointes d'asperges, petits pois, petits oignons et un peu de
sucre pour enlever l'âcreté.

Potage à la chicorée.

Prenez des chicorées frisées, passez-les au beurre
sans les faire roussir. Mouillez avec de l'eau, sel,
poivre ; faites bouillir, et, après avoir lié de jaunes
d'œufs, versez sur le pain.

Potage aux laitues ou romaines.

Prenez deux laitues ou romaines, faites-les blanchir : ficelez-les et faites-les cuire dans du bouil-

lon. Trempez votre potage avec le bouillon et servez dessus vos laitues ou vos romaines.

Potage aux carottes.

Mettez dans votre casserole de l'eau, des carottes, des pommes de terre, un oignon, du céleri, du sel; laissez bouillir; ajoutez beurre ou graisse, passez à la passoire et servez.

Potage au potiron.

Coupez un quartier de potiron en petits morceaux, mettez-le fondre et cuire avec un peu d'eau et de sel. Quand il est fondu et, pour ainsi dire, en marmelade, versez dessus le lait que vous avez eu soin de faire chauffer; joignez un peu de beurre et du sucre; puis; votre pain étant coupé en tranches très-minces dans votre soupière, versez le tout dessus.

Potage aux pommes de terre et à l'oseille.

Mettez dans une casserole une poignée d'oseille, faites bouillir. Quand l'oseille est cuite, mettez de l'eau et joignez-y des pommes de terre coupées en petits morceaux ou plutôt écrasées. Ajoutez beurre, sel, poivre, faites bien cuire et servez.

Potage aux poireaux.

Coupez des poireaux en petits morceaux, faites-les frire dans du beurre. Mettez eau, sel, poivre ; ajoutez petites pommes de terre jaunes coupées en morceaux ; faites bien cuire. Si vous n'ajoutez pas de pommes de terre, trempez avec du pain.

Potage au fromage.

Râpez dans le fond d'une soupière du fromage parmesan seul, ou du fromage parmesan et de Gruyère mêlés. Mettez par-dessus un lit de pain coupé mince ; mettez ainsi plusieurs couches. Ne salez pas ou salez très-peu, à cause du fromage.

Faites un bon bouillon de soupe à l'oignon. Quand il est cuit, mêlez deux verres de crème, versez dans la soupière et faites un peu mitonner.

Potage au lait.

Le potage au lait se fait avec vermicelle, riz ou semoule. On met d'abord sur le feu le lait ; quand il est prêt à bouillir, on met dedans le riz, le vermicelle ou la semoule avec sucre et fleur d'oranger, et on a bien soin de tourner afin qu'il ne brûle pas au fond.

3.

Potage panade.

Mettez des croûtes de pain ou des morceaux de pain dans une casserole avec de l'eau, du poivre, du sel, du beurre. Laissez bouillir sur un feu doux, et remuez souvent afin que le pain ne prenne pas au fond. Quand la panade cesse de bouillir, mettez dedans une liaison de jaunes d'œufs ou un peu de crème, et servez.

COULIS, JUS, SAUCES.

Coulis.

Prenez une casserole, mettez dans cette casserole un morceau de beurre avec un morceau maigre de veau, oignon piqué d'un clou de girofle et carottes coupées en morceaux. Faites bouillir sur un feu très-doux. Quand la viande a sué et jeté son jus, ajoutez de la farine et mouillez avec du bouillon de manière à obtenir le coulis de l'épaisseur et de la couleur que vous désirez. Mettez alors poivre, thym, persil, laurier. Laissez bouillir cinq heures. Faites bien réduire, et vous aurez alors un parfait coulis.

Jus.

Comme avec les coulis, avec les jus, on fait toutes les sauces, et on les fait d'une belle couleur et d'un bon goût.

Pour avoir du jus, on met dans une casserole oignons, carottes, veau, débris de volaille ou de viande avec du bouillon et un peu d'eau. Faites cuire alors à feu vif. Lorsque le tout commence à se réduire et a pris une belle couleur, remettez de l'eau bouillante, et ajoutez un bouquet garni avec clous de girofle et un peu de sel. Laissez cuire alors à feu plus doux et faites des incisions à la viande pour en faire sortir le jus ; passez enfin au tamis et laissez reposer le jus passé au clair.

Essence de gibier ou de volaille.

Mettez dans une casserole des débris de gibier, perdrix, lièvre, volaille, avec jarret et pied de veau ; ajoutez un demi-litre de vin blanc, oignons, carottes, bouquet garni, clous de girofle, thym ; assaisonnez, écumez, mouillez ; faites réduire et passez au tamis.

Coulis d'écrevisse.

Prenez quelques écrevisses cuites, pilez-en les chairs et mettez cette purée dans une casserole avec une cuillerée de coulis et une cuillerée de bouillon. Ajoutez beurre, poivre ; mêlez et servez.

Sauces.

Rien n'est important comme de savoir bien faire les sauces ; une bonne sauce relève le goût des mets et leur donne une saveur inappréciable. Une mauvaise sauce gâte les mets les plus friands.

Quand une sauce paraît trop grasse, pour la dégraisser on retire la casserole jusqu'au bord du fourneau et on jette dedans quelques gouttes d'eau froide ; alors la graisse se détache, surnage, et il est très-facile de l'enlever.

Quand on craint, en se servant du thym et du laurier en feuilles, de ne pouvoir en retirer ensuite les morceaux, on les broie, et une fois en poudre on s'en sert, comme on se sert de poivre, par pincées.

Des liaisons.

Cassez des œufs, prenez les jaunes et délayez-les avec un peu d'eau fraîche. Quand ils sont bien battus et délayés, on les passe dans une passoire de manière à ce que les germes restent; alors on prend une cuillerée de la sauce dans laquelle on doit les verser, pour les délayer de nouveau. On verse ensuite tout doucement cette liaison, ayant le soin de remuer. On laisse ensuite un peu épaissir, sans cependant laisser bouillir, et on sert.

Manière de faire le roux.

Mettez un bon morceau de beurre dans une casserole, ajoutez une ou deux cuillerées de farine et faites roussir; ajoutez alors ce qui doit compléter la sauce et la faire telle et avec le goût que vous désirez.

Béchamelle.

Faites fondre un morceau de beurre dans lequel vous délayez une cuillerée de farine. Quand la farine est délayée, versez doucement et en tournant du lait chaud; remuez toujours, faites bouillir. Mettez dans une autre casserole oignons, bouquet

de persil, carottes, champignons, muscade, poivre,
sel ; faites bouillir à petit feu, et quand votre lait
est réduit, vous mêlez le tout doucement et le joignez aux mets que vous voulez servir.

Béchamelle grasse.

Coupez dans une casserole par petits morceaux
du lard, une carotte, un navet, un oignon. Ajoutez
de la graisse de veau ; faites bouillir et mouillez de
bouillon. Joignez ensuite sel, poivre, girofle, thym
persil, laurier, muscade ; laissez cuire alors une
bonne heure et passez au tamis.

Dans une autre casserole, comme pour la béchamelle maigre, on fait fondre du beurre ; dans
le beurre on délaye une ou deux cuillerées de farine et avec un peu de bouillon on fait un roux
blanc. On mêle le tout et on sert.

Sauce blanquette.

Mettez dans une casserole un bon morceau de
beurre ; dès que le beurre est fondu, mêlez une
cuillerée de farine et délayez sans laisser roussir.
Quand la farine est délayée, vous versez de l'eau
bouillante, ayant bien soin de toujours tourner.
Puis vous ajoutez sel, poivre et bouquet de persil.

Votre sauce étant ainsi faite, mettez dedans vos morceaux de viande, veau ou volaille, et faites bouillir vigoureusement. On ralentit ensuite le feu et on laisse cuire tout doucement.

On peut ajouter des jaunes d'œufs si l'on veut.

Si la sauce est trop claire, on délaye un peu de farine dans un peu d'eau froide et dans quelques cuillerées de la sauce. Si elle est trop épaisse, on y remet un peu de beurre et d'eau.

Sauce à la poulette.

La sauce à la poulette se fait comme la sauce à la blanquette, avec cette différence néanmoins qu'il faut dans la sauce à la poulette mettre nécessairement des jaunes d'œufs.

Sauce à la crème.

Pour turbot, morue, pommes de terre, on se sert de la sauce à la crème.

Pour faire la sauce à la crème mettez dans une casserole un quart de beurre ; délayez une cuillerée de farine ; joignez persil, ciboules hachés, poivre, sel, muscade, un verre de lait ou de crème : faites bouillir, tournez et servez.

Sauce tomate.

Faites d'abord cuire une douzaine de tomates avec poivre, sel, laurier, thym, persil, oignons, clous de girofle. Quand les tomates sont en purée, passez au tamis; mettez alors du beurre dans la casserole, jetez un peu de farine, délayez et versez le jus des tomates. Liez le tout et versez.

Sauce blanche, sauce aux câpres.

Mettez dans une casserole un peu de farine et délayez cette farine avec un peu d'eau chaude. Ajoutez sel, poivre, un filet de vinaigre. Laissez bouillir très-doucement. Quand vous êtes pour servir, mettez du beurre bien frais et retirez du feu pour que le beurre ne tourne pas en huile.

Cette sauce sera aux câpres en ajoutant des câpres. Quand on veut s'en servir pour des légumes, on ajoute une liaison de jaunes d'œufs.

Sauce maître-d'hôtel.

On met fondre un morceau de beurre. Quand il est fondu, on ajoute sel, poivre, muscade, persil et ciboule hachés. On lie le tout ensemble et on y ajoute un jus de citron ou un filet de vinaigre.

Sauce aux truffes.

Prenez champignons, truffes, ail, persil, ciboules, hachez très-fin et passez sur le feu avec un peu d'huile. Ajoutez bouillon, verre de vin blanc, sel, poivre; laissez bouillir, faites cuire, dégraissez et servez.

Sauce aux huîtres ou aux moules.

On met dans l'eau bouillante les huîtres. On les fait ainsi blanchir, on y laisse leur eau. Après quelques bouillons on les retire. On les égoutte et on les mêle dans une sauce blanche avec un jus de citron. Cette sauce est excellente avec la sole et divers poissons. Quand on n'a pas d'huîtres, on peut se servir de moules.

Sauce piquante.

Mettez un verre de vinaigre dans une casserole, ajoutez thym, laurier, poivre, gousse d'ail et échalote. Faites réduire à moitié, ajoutez du bouillon, jus, coulis de viande, passez au tamis et servez.

Sauce au beurre noir.

Mettez un morceau de beurre dans une poêle, laissez fondre et cuire jusqu'à ce qu'il soit noirci, sans cependant être brûlé. Mettez alors frire le persil dans toute sa longueur. Ajoutez vinaigre et servez.

Sauce à la rémolade.

Hachez très-fin une échalote, cerfeuil, ciboule ail, et mettez le tout dans une tasse ou une saucière, avec sel et poivre; délayez alors avec de l'huile, de la moutarde et du vinaigre. Versez en tournant peu à peu.

Sauce à la ravigote.

Prenez de la fourniture : pimprenelle, cerfeuil, estragon. Hachez le tout très-fin. Mettez dans une casserole du bouillon, sel, poivre, vinaigre. Faites bouillir un quart d'heure et retirez du feu. Dans cette ravigote, mettez un morceau de beurre manié de farine. Remuez jusqu'à ce qu'il soit bien fondu et servez.

Sauce à la tartare.

Mettez dans une saucière ou une tasse, échalotes, cerfeuil, estragon. Après avoir haché le tout très-fin, ajoutez sel, poivre, moutarde et filet de vinaigre. Versez ensuite de l'huile en tournant et remuant toujours. Si votre sauce était trop épaisse et se liait trop, vous ajouteriez un peu de vinaigre. Cette sauce se fait et se mange ainsi à froid.

Sauce poivrade.

Mettez dans une tasse de terre échalotes, poivre, thym, laurier, persil, ciboule et du vinaigre. Dans une casserole faites un roux que vous mouillerez avec coulis, jus ou bouillon. Versez et mêlez tout ensemble ; laissez bouillir vingt minutes, puis passez au tamis et servez.

Sauce aux cornichons.

Faites dans une casserole une liaison avec beurre et farine. Ajoutez sel, poivre et des cornichons hachés. Mouillez avec du bouillon ; faites cuire et servez.

Sauce au verjus.

Pilez des raisins verts. Mettez dans une casserole quelques cuillerées de verjus, de coulis ou de bouillon, avec sel, poivre, échalotes. Faites chauffer et servez.

Sauce Robert.

Mettez dans une casserole un morceau de beurre. Joignez une cuillerée de farine et faites roussir ; quand le roux est d'une belle couleur, hachez des oignons et mettez-les dans la casserole avec sel et poivre. Mouillez avec une ou deux cuillerées de bouillon. Laissez cuire un quart d'heure. Ajoutez alors une cuillerée de vinaigre et de moutarde ; délayez et servez.

Sauce mayonnaise.

Mettez dans un petit plat en terre un ou deux jaunes d'œufs, sel, poivre et quelques gouttes de vinaigre. Pendant que vous tournez et mêlez bien, vous versez petit à petit une ou deux cuillerées de bonne huile. Quand votre sauce est faite et bien prise, on peut en ajouter encore quelques gouttes, ayant surtout soin de toujours tourner.

Sauce au pauvre homme.

Prenez quelques échalotes et du persil. Hachez-les et mettez-les dans une casserole avec jus, bouillon, sel, poivre et filet de vinaigre. Faites bouillir jusqu'à ce que les échalotes soient cuites, et servez cette sauce avec les restes du bouilli ou du rôti.

Sauce à toutes viandes.

Mettez dans une casserole bouillon, vin blanc, sel, poivre, zeste de citron, feuille de laurier et filet de verjus. Laissez infuser sur la cendre chaude pendant cinq ou six heures, et versez sur tel mets qu'il vous plaira.

Salmis.

Mettez dans une casserole un morceau de beurre manié de farine et laissez-le fondre sans le faire roussir. Mettez ensuite un verre de bouillon, autant de vin rouge, deux échalotes et un bouquet garni, poivre, sel, et laissez bouillir. Quand cette sauce est ainsi faite, vous mettez dedans vos pièces de gibier et y ajoutez un jus de citron. Le fond de votre plat étant couvert de tranches de pain grillé, vous dressez dessus votre gibier et vous répandez votre sauce sur le tout.

Pour faire ce salmis encore plus délicat et plus relevé, on pile les chairs du gibier dans un mortier, ayant soin de délayer de temps en temps avec un peu de bouillon et on passe le tout dans un tamis. On met alors un demi-verre de vin rouge, un morceau de beurre manié de farine, un bouquet garni, échalotes, puis on laisse bouillir. On ajoute ensuite deux ou trois cuillerées d'huile d'olive, un jus de citron ; et on fait, comme précédemment, chauffer sans bouillir les membres du gibier.

Mettez aussi au fond du plat de petites tranches de pain grillé dans le beurre. Placez les membres dessus, répandez votre sauce et servez.

Braise ou daube.

Garnissez le fond d'une casserole de bardes de lard ; mettez sel, poivre, bouquet de persil, ciboules, laurier, thym, clous de girofle, cannelle, oignons. Sur cet assaisonnement étendez la pièce que vous voulez faire cuire. Ajoutez un peu d'eau, de bouillon, de vin blanc, d'eau-de-vie. Couvrez le tout d'un papier beurré, fermez bien hermétiquement votre casserole avec son couvercle, de manière qu'il n'y ait pas d'évaporation, et laissez cuire durant plusieurs heures à petit feu.

Beurre d'anchois.

Prenez un nombre quelconque d'anchois, lavez-les avec soin et pilez-les sans les mouiller et sans les assaisonner ; passez-les au tamis, et maniez ensuite cette pâte avec une quantité égale de beurre.

Beurre d'ail.

Les personnes qui aiment le goût de l'ail, peuvent seules assaisonner les viandes qu'elles mangent avec ce beurre. On le fait en pilant deux ou trois gousses d'ail et en les mêlant avec un quart ou un demi-quart de beurre.

Farces et hachis.

Quand on veut faire du hachis avec des viandes qui restent, viande de boucherie, viande de volaille ou gibier, on enlève les os, les nerfs et la peau ; et on hache le tout avec de la chair à saucisse ; puis, après avoir mis le tout dans une casserole avec beurre, on assaisonne avec ciboule et persil hachés, mie de pain et pincée de farine. On mouille de bouillon et on laisse cuire et mijoter une demi-heure sur un feu doux.

Boulettes de hachis.

Avec le hachis dont nous venons de parler, on fait des boulettes que l'on roule dans la farine et que l'on fait cuire soit dans de la friture, soit dans du beurre à la casserole.

———

DU BŒUF.

Le bœuf a des parties plus ou moins délicates, plus ou moins distinguées, que l'on accommode et que l'on fait cuire de différentes manières.

Comme nous l'avons déjà dit, les meilleurs morceaux de bœuf sont : la culotte et le filet. Le flanchet et le collet, la poitrine et la tête sont bien inférieures.

Le bœuf bouilli se sert à toutes sortes de sauces, piquante, rémolade, ravigote, au pauvre homme, tomate, aux cornichons, etc. Chacun peut ainsi l'assaisonner selon son goût.

Bœuf en persillade.

Coupez votre bœuf par tranches minces et à peu près égales, et dressez-les en couronne dans le fond d'une casserole en les mettant les unes sur les autres; assaisonnez avec sel, poivre; mouillez avec une cuillerée de jus ou de bouillon. Laissez mijoter doucement pendant une demi-heure si cela est possible, feu dessus, feu dessous.

Faites ensuite une sauce au jus avec fines herbes; ajoutez un filet de vinaigre, renversez votre bœuf sur le plat et versez cette sauce au milieu.

Bœuf au miroton.

Coupez des oignons et faites-les revenir sur le feu dans une casserole avec un morceau de beurre. Quand ils sont à peu près cuits, ajoutez une pincée de farine et remuez jusqu'à ce que la sauce ait pris une belle couleur. Mouillez avec bouillon, vin blanc; mettez sel et poivre et continuez à faire bouillir jusqu'à ce que l'oignon soit parfaitement cuit et que la sauce soit épuisée. Mettez alors votre bœuf bouilli et coupé par petites tranches; faites cuire encore un peu pour qu'il prenne le goût de l'oignon, et servez en y ajoutant un filet de vinaigre.

Bœuf à l'huile.

Coupez, comme nous venons de le dire, votre bœuf desservi, par tranches, dressez ces tranches, sur un plat, avec persil haché, échalotes et cornichons, et servez en même temps une rémolade ou une sauce à l'huile.

Bœuf en vinaigrette.

Votre bœuf étant coupé par tranches minces et ces tranches étant dressées dans un saladier, ornez-le de filets d'anchois ou de filets de harengs frais ; ajoutez ciboule, cerfeuil, estragon, pimprenelle et autres fournitures hachées. Assaisonnez alors de poivre, de sel, d'huile, de vinaigre, et, sans retourner, servez.

Bifteck, filet de bœuf.

Coupez votre filet de bœuf en tranches minces, battez ces tranches pour les attendrir et les aplatir ; parez-les en coupant les peaux. Si les chairs se sont déchirées, rapprochez-les ; et après avoir jeté dessus du sel et du poivre, faites griller à feu vif. Quand il est cuit et saignant, servez-le avec du beurre fondu et versez dessus un jus de citron.

Bœuf à la mode.

Prenez un morceau de cuisse ou de tranche de bœuf et piquez-le de gros lard.

Quand vous l'avez bien piqué, vous le mettez dans une casserole avec quelque couenne de lard et vous l'assaisonnez de poivre, de sel ; vous ajoutez un oignon, une carotte, un bouquet garni, laurier, thym, ail, clous de girofle, la moitié d'un pied de veau, un peu d'eau, un peu de vin blanc, un demi-verre d'eau-de-vie, et vous laissez cuire et mijoter pendant cinq ou six heures, jusqu'à ce que votre viande devienne très-tendre ; ensuite vous passerez le jus au tamis et servirez.

Aloyau.

Quand vous avez paré votre aloyau, quand vous avez ôté la graisse et les peaux, vous le faites mariner pendant dix ou douze heures avec de bonne huile, sel, poivre, persil, laurier, tranches d'oignons ; puis vous le mettez à la broche et le faites cuire.

Vous le servez, ayant pour sauce un jus que vous assaisonnez avec sel, poivre, filet de vinaigre, échalotes.

Filets à la broche.

Ce qui vient d'être dit de l'aloyau s'applique au filet.

Quand le filet est mariné comme l'aloyau, vous l'embrochez et couvrez la partie lardée de papier beurré ; vous le faites cuire d'abord à un feu très-vif, et le servez un peu saignant, après avoir enlevé le papier et avoir fait une sauce avec son jus, comme il a été dit à l'aloyau.

Filet aux champignons.

Quand vous avez coupé votre filet de bœuf en tranches, vous mettez un morceau de beurre dans une casserole, et quand votre beurre est fondu, vous mettez vos tranches de filet reposer dedans et vous les assaisonnez de sel et de poivre. Quand les tranches sont ainsi restées dans le beurre une heure ou deux, on les met sur un bon feu et on les retourne quand elles ont pris une bonne couleur. Ainsi colorées des deux côtés, on les retire. Alors on met dans la casserole une cuillerée de farine avec du jus ou du bouillon, un peu de bon vin blanc, si l'on veut, puis on ajoute des champignons. On remet ensuite les filets et on laisse achever de cuire.

On sert la sauce épaisse avec un jus de citron,
et on la verse sur le filet et les champignons.

Entre-côtes braisée.

Avec du lard de poitrine coupé par morceaux,
faites revenir votre entre-côtes ; ensuite retirez-la
et faites un roux. Quand le roux est fait, remettez l'entre-côtes et lard avec sel, poivre, oignons,
carottes, bouquet garni, eau-de-vie, rhum ou vin
blanc, de préférence vin de Madère. Laissez cuire,
quatre ou cinq heures, à petit feu, dégraissez et
servez.

Entre-côtes dans son jus.

Mettez dans votre casserole un morceau de
beurre ; faites-le fondre, et quand il est fondu,
mettez votre entre-côtes et faites-la lestement revenir. Ajoutez alors un peu de bouillon, sel, poivre, bouquet garni, eau-de-vie, madère ou rhum,
et faites cuire sur un feu doux.

Entre-côtes aux champignons.

Mettez dans une casserole un morceau de beurre,
et avec ce morceau de beurre votre entre-côtes.
Quand l'entre-côtes a pris couleur des deux côtés,
retirez-la. A la place, dans la casserole, mettez une

pincée de farine, faites un roux, mouillez avec un peu d'eau ou de bouillon et un verre de rhum ou de madère ; alors remettez l'entre-côtes et laissez cuire trois ou quatre heures en y ajoutant des champignons.

Langue de bœuf au gratin.

Après avoir fait cuire votre langue de bœuf soit au bouillon, soit à la braise, soit à la broche, coupez-la en tranches très-minces.

Mettez ensuite au fond du plat dans lequel vous voulez assaisonner votre langue, câpres, persil, ciboule, cerfeuil, échalotes, le tout bien haché, avec un filet de vinaigre, sel, poivre et de la chapelure de pain. Le fond du plat ainsi préparé, arrangez dessus vos tranches de langue ; faites-en, si vous voulez, plusieurs couches que vous assaisonnez de la même manière. Assaisonnez-le dessus comme vous avez fait dessous et mettez enfin de la chapelure. Placez alors votre plat sur un feu doux, et mouillez d'un peu de bouillon, si vous craignez que le gratin ne brûle au fond du plat.

Langue de bœuf piquée et rôtie.

Faites dégorger la langue de bœuf un jour et une nuit dans de l'eau froide ; changez plusieurs fois l'eau ; faites-la ensuite blanchir dans l'eau bouillante. Parez la peau, enlevez-la et piquez-la avec des lardons assaisonnés de sel, de poivre, de muscade, persil et échalotes hachés. Ainsi préparée, faites-la cuire avec deux ou trois cuillerées de bouillon, tranches de lard, bouquet garni, oignons et clous de girofle.

Quand la langue est ainsi à peu près cuite, on la retire, on la laisse refroidir, on la pique de nouveau, dans l'intérieur de gros lard, à l'extérieur de tout petits morceaux de lard, et on la met à la broche.

On la sert une heure après avec une sauce piquante.

Palais de bœuf à la ménagère.

Trempez dans l'eau bouillante, ratissez, lavez plusieurs fois à l'eau froide le palais de bœuf. Quand la peau noire est enlevée, coupez-le par morceaux et faites cuire à petit feu avec lard, oignons, carottes, bouquet garni, clous de girofle, ail, sel, poivre, thym, laurier. Mouillez de bouillon et mettez un filet de vinaigre.

Quand le palais est cuit, faites-le égoutter sur un linge, dressez en couronne et versez dans le milieu la sauce que vous préférez, soit sauce piquante soit aux câpres, etc.

Cervelles de bœuf en matelotte.

Enlevez les fibres, la peau, et nettoyez bien vos cervelles ; faites-les dégorger. Faites bouillir vin rouge, mettez-y vos cervelles avec thym, laurier, persil, oignons, sel, poivre. Laissez cuire.

Quand elles sont cuites, retirez-les ; passez la cuisson au tamis. Faites ensuite sauter de petits oignòns dans du beurre frais ; liez avec une pincée de farine, mouillez avec le vin qui a servi à faire cuire les cervelles, ajoutez des champignons, laissez réduire ; dressez vos cervelles, versez autour et servez.

Rognons sautés au vin blanc.

Supprimez la partie nerveuse de vos rognons, coupez-les en morceaux, faites-les sauter le plus lestement possible dans la poêle sur un feu très-vif avec un morceau de beurre, cuillerée de farine, vin blanc, sel, poivre, persil et ciboule hachés, gousse d'ail. Servez de suite. Une longue cuisson serait mauvaise et racornirait les rognons.

Foie de bœuf sur le gril.

Coupez votre foie en tranches minces, mettez-le sur le gril, salez, poivrez, retournez. Ne laissez pas trop cuire et servez en mettant deux tranches l'une sur l'autre, entre chaque tranche un morceau de beurre manié de persil.

Queue de bœuf grillée.

Quand la queue de bœuf qui a servi à faire le pot-au-feu est froide, on l'assaisonne de sel, de poivre. Ainsi assaisonnée, on la trempe dans le beurre et on la pare ; puis on la trempe de nouveau dans le beurre et on la pare encore ; ensuite on la met sur le gril et on la sert avec une sauce tartare ou sauce piquante.

Tripes à la mode de Caen.

Nettoyez, faites blanchir, laissez dégorger dans l'eau froide, changez votre eau. Prenez une terrine ou un poêlon, mettez-y des carottes, des oignons, du lard, bouquet garni, gousse d'ail, clous de girofle et un pied de veau. Quand les tripes sont égouttées, vous les saupoudrez de sel et de poivre et les mettez dans le poêlon ou la terrine avec du jarret de jambon au milieu. Vous remplissez bien la terrine, vous baignez de vin blanc et d'un peu d'eau, et vous couvrez avec des bardes. Le couvercle étant hermétiquement fermé, vous faites cuire dans un four sept ou huit heures, et vous servez à chacun sur un réchaud avec la sauce.

Gras-double en fricassée de poulet.

Nettoyez avec beaucoup de soin votre gras-double; quand vous l'avez ratissé et lavé à plusieurs eaux bouillantes, laissez-le encore dégorger dans l'eau froide ; puis faites-le cuire cinq ou six heures avec oignons, ail, sel, clou de girofle.

Quand il est cuit, mettez du beurre dans une casserole, ajoutez une cuillerée de farine, coupez votre gras-double en morceaux et mettez-le dedans avec bouillon pendant un quart d'heure.

Avant de servir, liez votre sauce avec jaunes d'œufs et beurre, et versez un jus de citron.

Gras-double à la Lyonnaise.

Votre gras-double étant nettoyé, lavé, cuit, comme nous venons de le dire, et coupé en morceaux, mettez dans une casserole beurre, oignons en tranches minces, avec sel, poivre, persil haché; quand l'oignon commence à prendre de la couleur, mettez votre gras-double, sautez, remuez et servez avec jus de citron.

DU VEAU.

Pour être bon, le veau ne doit être ni trop jeune, ni trop vieux. Trop jeune, sa chair est molle, flasque, et manque de saveur ; trop vieux, il n'a déjà plus la chair blanche et délicate. Il doit donc avoir à peu près deux mois.

Veau rôti à la broche.

Les morceaux de veau que l'on fait ordinairement rôtir sont : le carré avec son rognon, le morceau qui est à côté du rognon est le quasi.

Prenez donc un de ces morceaux, faites-le parer, faites donner un coup de couperet entre les jointures des côtes, saupoudrez de sel et de poivre ; roulez le bout de la longe sur lui-même jusqu'aux rognons ; liez avec une ficelle, enveloppez d'un papier beurré et embrochez. Otez si vous voulez le papier beurré quelques instants avant de servir afin que le rôti prenne encore une plus belle couleur.

Carré à la bourgeoise.

Lardez un carré de veau avec des filets minces de lard munis de fines herbes. Salez, poivrez ;

mettez-le dans une braisière ou dans une cocote foncée de légères bardes de lard. Ajoutez en dessus, oignons, carottes; mouillez avec bouillon, une ou deux cuillerées d'eau-de-vie; faites cuire à petit feu et servez.

Tête de veau au naturel.

Ayez un chaudron plein d'eau bouillante, trempez la tête de veau dans cette eau et faites-la blanchir. Après environ un quart d'heure, retirez-la et mettez-la dans l'eau fraîche; égouttez-la, épluchez la langue et les bajoues, coupez le bout du museau, ôtez les deux côtés de la mâchoire inférieure, frottez-la avec du jus de citron; enveloppez-la d'un linge blanc et faites-la cuire dans l'eau environ quatre ou cinq heures avec sel, poivre, bouquet garni, ail, vinaigre.

Quand vous voulez la servir, vous l'égouttez bien et la mettez sur un large plat. Vous fendez alors la tête et enlevez la peau; séparez et ôtez les deux os du crâne. Vous recouvrez la cervelle avec la peau, et vous servez chaudement avec une sauce piquante, une vinaigrette faite avec sel, poivre, vinaigre, échalotes, estragon, cerfeuil, cornichons.

Tête de veau en tortue.

Après avoir fait blanchir et bouillir la tête de
veau, vous la désossez entièrement et la coupez
en morceaux. Vous dentelez l'oreille pour mettre
en haut et couronner votre plat, et vous la faites
cuire comme pour la manger au naturel, avec
néanmoins un peu de vin blanc.

Pendant qu'elle cuit, vous disposez votre ragoût. Vous faites un roux que vous mouillez de
bouillon. Vous y ajoutez des crêtes de coq, rognons, champignons, quenelles, ris de veau, foies
de volailles, bouquet de persil, beurre, sel, piment,
vin de Madère, avec jaunes d'œufs durcis, la langue et la cervelle. Les morceaux de la tête étant
bien égouttés, vous les dressez en pyramide, vous
versez votre sauce et vos garnitures dessus, et vous
garnissez votre plat d'écrevisses et de croûtons
frits.

Poitrine farcie.

Enlevez la membrane, la peau qui est au-dessus
de la chair qui couvre les côtes : mettez sur cette
chair une farce faite avec rouelle de veau, chair à
saucisses, échalotes, sel, poivre, persil, quelques
jaunes d'œufs crus, le tout haché ensemble. Re-

mettez la peau par-dessus et cousez tout autour avec fil et aiguille.

Mettez alors au fond d'une casserole des bardes de lard et placez-y la poitrine avec bouillon, sel, poivre, bouquet de persil.

Quand la poitrine est cuite, retirez-la et enlevez les fils ; dégraissez la sauce, passez-la au tamis ; jetez une pincée de farine, faites réduire et servez.

Poitrine ou tendrons aux petits pois.

Coupez votre poitrine en morceaux, faites sauter ces morceaux ou tendrons dans du beurre avec une pincée de farine, poivre et sel. Mettez un peu d'eau, bouquet de persil. Laissez cuire environ une heure, et ajoutez alors vos petits pois.

Tendrons de poitrine de veau à la poulette.

Après avoir fait dégorger et blanchir vos tendrons de veau, vous les faites cuire dans du beurre, avec pincée de farine, champignons, bouquet garni. Mouillez de bouillon.

Dégraissez la sauce quand la viande est cuite ; liez-la avec quelques jaunes d'œufs, et versez, avant de servir, un jus de citron.

Côtelettes de veau au naturel, côtelettes panées.

Parez vos côtelettes, saupoudrez-les de sel, de poivre, et trempez-les dans du beurre fondu. Mettez sur le gril, évitez la fumée, retournez, arrosez avec le beurre qui reste, et servez avec une sauce piquante.

Les côtelettes panées se font cuire exactement comme les côtelettes au naturel. On a seulement le soin, avant de les mettre sur le gril, de les paner.

Côtelettes de veau aux fines herbes.

Mettez dans une casserole un morceau de beurre, faites-le fondre ; quand il est fondu, mettez vos côtelettes avec poivre, sel, épices ; faites-les ainsi sauter quelques minutes.

Hachez des fines herbes avec des champignons; quand vos côtelettes commencent à avoir une bonne couleur, mettez dessus la moitié des fines herbes, retournez-les et mettez le reste de ce nouveau côté ; laissez achever de cuire. Quand vous retirez du feu, ajoutez jus de citron, dressez vos côtelettes en couronne, et versez la sauce au milieu.

Côtelettes de veau en papillotes.

Ayez une farce composée de petit lard, mie de pain, persil, ciboules, champignons, sel, poivre, le tout bien haché et mêlé. Garnissez les deux côtés de vos côtelettes de cette farce ; recouvrez d'une très-mince barde de lard, enveloppez d'un papier beurré, faites cuire sur le gril à petit feu et servez.

Noix de veau dans son jus.

Prenez une noix de veau, et mettez-la, piquée ou non piquée, dans une casserole avec un bon morceau de beurre. Laissez-la doucement dorer sur un feu très-doux. Mouillez-la ensuite avec un peu d'eau ; ajoutez-y sel, poivre, bouquet de persil, feuille de laurier. Faites cuire trois ou quatre heures ; si la sauce est trop grasse, dégraissez et servez.

Fricandeau.

Piquez de lard fin une noix, une tranche de rouelle de veau. Mettez dans une casserole quelques petits morceaux de lard avec oignons, carottes, bouquet garni, clous de girofle, et placez-y votre fricandeau. Mouillez avec un peu de bouillon et arrosez de temps en temps le dessus du fricandeau avec une ou deux cuillerées de la sauce. Quand il a pris une belle couleur et est cuit, vous le retirez, vous dégraissez alors la sauce et la faites réduire. Liez avec un peu de fécule de pommes de terre, et si vous devez servir le fricandeau seul, remettez-le dans la sauce, afin qu'il prenne bonne mine : sinon, gardez votre sauce pour assaisonner l'oseille ou la chicorée que vous servirez avec et sous votre fricandeau.

Blanquette de veau.

Vous faites une blanquette de veau, soit avec une poitrine de veau coupée par morceaux, soit avec ce qui reste d'un rôti de la veille, coupé également en morceaux minces et petits.

Vous mettez un morceau de beurre fondre dans une casserole ; avec une pincée de farine, sel, poivre, bouquet de persil, vous faites une blanquette.

Vous mettez votre veau dans cette blanquette ; vous laissez mijoter, vous mouillez avec du bouillon ; faites une liaison de jaunes d'œufs et servez.

Foie de veau à la bourgeoise.

Prenez un foie de veau de bonne mine, et piquez-le de lard assaisonné de fines épices, de persil et de ciboule, le tout bien haché. Mettez le foie dans une marmite ou une cocote foncée de bardes de lard et dans laquelle vous avez fait un roux avec bouillon et vin rouge. Garnissez d'une carotte, d'un oignon avec laurier, sel, poivre ; faites cuire à petit feu, dégraissez et servez.

Foie de veau à la broche.

Piquez votre foie de veau avec de gros lardons ; ainsi préparé, faites-le mariner quatre ou cinq heures dans de l'huile, avec sel, feuilles de laurier, persil, ciboule, thym ; retirez-le de sa marinade, mettez-le à la broche, enveloppez-le d'un papier beurré et faites-le cuire au moins une heure.

Servez-le sans le papier accompagné d'une sauce faite avec le jus, un peu de bouillon, sel, poivre, échalotes et fines herbes hachées.

Foie de veau sauté à la poêle.

Prenez votre foie de veau et coupez-le en tranches minces ; mettez-le dans une poêle avec beurre, persil, échalotes et ciboules hachés. Passez sur un feu vif, jetez pincée de farine avec cuillerée de bouillon, un filet de vinaigre, retournez, mettez sel, poivre, épices ; laissez cuire dix ou douze minutes et servez.

Mou de veau au blanc.

Coupez votre mou de veau en morceaux, faites dégorger et blanchir, en le mettant d'abord dans l'eau bouillante, ensuite dans l'eau froide et changeant plusieurs fois cette eau.

Mettez-le ensuite dans une casserole avec beurre et une pincée de farine. Mouillez avec du bouillon; ajoutez sel, poivre, persil, ciboules, thym et laurier.

Quand le mou de veau est avancé et au quart cuit, on y ajoute petits oignons et champignons.

Avant de servir, liez une sauce avec jaunes d'œufs, et ajoutez filet de vinaigre.

Cervelles de veau en matelote.

Il faut d'abord nettoyer et faire dégorger les cervelles dans de l'eau froide pendant plusieurs heures ; il faut ensuite les faire blanchir pendant quelques minutes dans l'eau bouillante avec sel et un peu de vinaigre ; puis les remettre dans de l'eau froide.

On met alors du beurre dans une casserole avec des petits oignons. On les fait revenir, et, avec un peu de farine, on fait un roux ; à ce roux, ajoutez un peu de bouillon, un demi-verre de vin, champignons et bouquet garni.

Joignez alors à tout cela vos cervelles, achevez de faire cuire et servez.

Cervelles à la ravigote.

Quand les cervelles sont dégorgées, blanchies comme nous venons de le dire, on les fait cuire tout doucement dans une braise, et quand elles sont cuites, on les dresse sur un plat avec une sauce ravigote.

Cervelles de veau à la poulette.

Nettoyez, faites dégorger et blanchir les cervelles comme il vient d'être dit ; mettez fondre du beurre dans une casserole, délayez cuillerée de farine. Mettez un verre d'eau, muscade, sel, poivre, petits oignons et champignons blanchis, et laissez cuire pendant une heure. Mettez ensuite les cervelles, laissez ensemble dix minutes, et servez avec une liaison de jaunes d'œufs et jus de citron.

Mettez, si vous voulez, pour la décoration, entre chaque cervelle, des tranches de pain frites élégamment coupées.

Cervelles de veau frites.

Vos cervelles étant préparées comme les précédentes, vous les coupez en morceaux et les mettez

mariner avec poivre, sel, vinaigre. Vous les égouttez au moment de les faire frire, les trempez dans
la pâte et les jetez dans la friture. Vous les servez
ensuite sur un plat chaud avec persil frit.

Queues de veau à la rémolade.

Mettez vos queues de veau dans une casserole
avec eau, sel, poivre, vin ou vinaigre et bouquet
garni. Faites égoutter, trempez dans l'œuf battu,
panez de mie de pain, trempez dans l'huile et repanez. Faites griller ensuite et servez sur une rémolade.

Ris de veau aux fines herbes.

Après avoir fait dégorger et blanchir vos ris, vous
les piquez de menu lard. Prenez alors champignons, fines herbes, persil, ail, échalotes, hachez-
les ; ajoutez beurre et poivre. Placez quelques bardes de lard au-dessus de vos ris, ajoutez vin blanc,
bouillon, laissez mijoter, dégraissez et servez.

Ris de veau en caisse.

Préparez et piquez vos ris comme il vient d'être
dit.

Prenez ensuite des fines herbes, hachez-les avec
champignons, sel, poivre, et ajoutez une ou deux

cuillérées d'huile, versez cette marinade sur vos ris.

Avec du papier fort et huilé, faites alors une ou plusieurs petites caisses, au fond de ces caisses, mettez un peu de chapelure et d'assaisonnement; sur cet assaisonnement mettez vos ris et encore un peu de chapelure; mettez alors vos ris dans un four de campagne, ou sur un feu couvert de cendres chaudes; quand ils ont pris couleur, servez.

Langue de veau.

La langue de veau se nettoie, se prépare et s'accommode à peu près comme la langue de bœuf.

Fraise de veau.

La fraise de veau étant blanchie à l'eau bouillante et mise dans l'eau fraîche, se coupe par morceaux et se fait cuire dans une sauce blanche; ensuite égouttée, on la sert à la vinaigrette.

Pieds de veau.

Les pieds de veau se préparent et se mangent chauds de la même manière et avec la même sauce vinaigrette.

DES ROTIS.

Avant d'aller plus loin et avant de parler des rôtis, faisons ici une observation générale sur les rôtis.

Il faut, avant tout, considérer quelle viande on met à la broche, quel degré de cuisson elle exige. Pour tel rôti, on fait un feu vif, pour tel autre, un feu doux ; l'un doit être mangé bien cuit, l'autre saignant. Le goût, le jugement et le bon sens doivent donc guider ; le principal soin qu'on doit avoir est celui d'arroser souvent.

DU MOUTON.

Gigot de mouton rôti.

Avant de mettre un gigot à la broche, il faut le faire mortifier, c'est-à-dire qu'il ne faut le faire cuire que trois ou quatre jours après que le mouton a été tué. On doit même le battre bien avec un rouleau de bois, afin qu'il soit encore plus tendre ; ou, si l'on veut, le faire mariner un jour ou deux dans de l'huile, avec oignons, poivre, persil, si l'on ne craint pas de déplaire à ses convives.

Vous mettez une gousse d'ail dans le manche et vous l'embrochez. Faites-le cuire d'abord à un feu très-vif, afin de saisir et de resserrer les chairs, et afin que le jus reste dedans ; modérez ensuite votre feu ; tournez-le, arrosez-le souvent, et servez-le avec son jus.

Gigot braisé.

Défaites la viande qui est adhérente à l'os du gigot, c'est-à-dire désossez sans couper ni déchirer : piquez alors de gros lardons assaisonnés de poivre et de sel, thym et laurier. Attachez ensuite et ficelez de manière que les lardons ne paraissent pas hors du gigot, et de manière que le gigot reprenne sa forme ordinaire.

Mettez-le alors dans votre daubière foncée de bardes de lard, avec carottes, oignons, persil, sel, épices, bouquet garni et un verre de bouillon.

Vous le faites cuire doucement feu dessus, feu dessous, et, quand il est cuit, vous le servez avec son jus passé au tamis et réduit.

Gigot dans son jus.

Le gigot étant mortifié et préparé comme nous

venons de le dire, on le met dans une casserole avec un peu de beurre, on le fait revenir et prendre une belle couleur ; on l'assaisonne alors de poivre, sel, bouquet garni, épices, et on le laisse cuire doucement, ayant soin de le retourner. On peut assaisonner les haricots et les pommes de terre avec son jus.

Émincés de mouton.

Quand il vous reste une partie d'un gigot de mouton servi la veille, coupez-le en tranches très-minces ; faites un roux avec une pincée de farine, un peu de bouillon, sel, poivre ; laissez réduire cette sauce, ajoutez beurre, cornichons, ou persil haché ; mettez alors dans cette sauce vos émincés, et laissez mijoter bien doucement.

Poitrine de mouton grillée.

Faites cuire une poitrine de mouton dans le pot-au-feu ou dans une casserole avec bouillon, sel, poivre, ciboules, persil, thym et laurier.

Lorsqu'elle est cuite, passez-la à l'huile avec ciboule, persil haché, sel, poivre ; panez de mie de pain, faites cuire sur le gril et servez avec sauce ravigote.

Poitrine de mouton à la purée.

Prenez votre poitrine de mouton arrangée et cuite comme la précédente, et servez-la sur un ragoût de laitues, de chicorée, de purée, d'oseille, ou avec sauce tomate, tartare, etc.

Mouton avec haricots ou autres légumes.

Piquez de lard un carré de mouton, assaisonnez-le et faites-le cuire à la broche. Quand il est cuit, servez-le sur des haricots, des choux-fleurs ou autres légumes.

Carré de mouton à la bourgeoise.

Prenez un carré de mouton, levez les peaux et mettez-le cuire dans une casserole, avec ciboule, persil, gousse d'ail, clous de girofle, sel, poivre, vin blanc et bouillon.

Quand votre carré est cuit, dégraissez et faites réduire votre sauce passée au tamis ; votre sauce étant réduite, vous mettez dedans un morceau de beurre manié de farine ; vous ajoutez persil, vous faites lier, et, avant de servir, vous versez sur le carré un jus de citron.

Côtelettes de mouton sur le gril.

Parez vos côtelettes ; aplatissez-les en frappant dessus avec un couperet, saupoudrez-les de sel, de poivre, et faites-les griller sur un feu vif. Servez-les ou cuites ou saignantes, selon votre goût ou le goût de vos convives.

Côtelettes de mouton panées.

Apprêtez vos côtelettes, faites fondre du beurre, passez-les dedans, assaisonnez de sel et de poivre ; panez-les de mie de pain et faites-les cuire sur le gril à un feu très-vif.

Côtelettes de mouton sautées dans la poêle.

Vous mettez vos côtelettes dans la poêle, et vous les faites cuire à petit feu, avec un morceau de beurre. Quand elles sont cuites, vous les égouttez de manière qu'il reste le moins de graisse possible dedans. Vous retirez de la poêle une bonne partie de la graisse, vous n'en laissez qu'une demi-cuillerée ; vous ajoutez bouillon, échalotes, fines herbes hachées, sel et poivre, cornichons ; vous faites bouillir. Vous dressez vos côtelettes dans votre plat,

et vous versez dessus votre sauce avec filet de vinaigre.

Côtelettes de mouton à l'oseille.

Vos côtelettes étant parées, vous les faites cuire
avec bouillon et bouquet garni. Lorsqu'elles sont
cuites, vous dégraissez et faites réduire ; puis vous
les servez sur une farce d'oseille.

Côtelettes de mouton à la jardinière.

Parez vos côtelettes bien mortifiées et ne laissez
que la noix. Rangez-les dans un plat sur du beurre
fondu et assaisonnez avec sel, poivre, muscade râpée ; mettez dessus un papier beurré.

Faites cuire lestement sur un bon fourneau ; retournez, dressez en couronne, arrosez avec une
cuillerée de jus ou de bouillon, et servez dans le
milieu un ragoût de légumes.

Épaule de mouton.

L'épaule de mouton rôtie ou braisée s'apprête
et se fait cuire à peu près comme le gigot ; ce que
nous avons dit du gigot s'applique donc à l'é-
paule.

Haricot de mouton.

Prenez de l'épaule, de la poitrine, ou un morceau quelconque de mouton, et coupez en morceaux. Faites revenir dans une casserole avec du beurre, retirez du feu, faites un roux. Votre roux étant fait, mouillez avec du bouillon ; ajoutez poivre, sel, bouquet garni, clous de girofle, laurier, gousse d'ail, et remettez votre viande dans cette sauce. Pendant qu'elle achève de cuire, faites sauter des navets ou haricots dans du beurre ; quand les navets ou les haricots ont pris une jolie couleur jaune foncé, mettez-les avec votre viande, laissez le tout ensemble mijoter un peu ; dégraissez la sauce et servez.

Rognons à la brochette.

Faites d'abord tremper cinq minutes vos rognons dans l'eau froide pour en enlever la peau ; la peau enlevée, fendez-les par le milieu, et passez alors en travers une petite brochette ; quand ils sont embrochés, assaisonnez-les de sel, de poivre. Mouillez d'huile ou trempez dans du beurre fondu, et mettez sur le gril. Avant de servir, retirez les brochettes, et dressez sur un plat avec beurre et fines herbes.

Rognons au vin de Champagne ou au vin blanc.

Ayant fait tremper vos rognons dans l'eau et en ayant enlevé les peaux, vous les coupez en petites tranches et les faites sauter avec prestesse, sur un feu vif, dans une poêle ou dans une casserole avec morceau de beurre. Vous ajoutez une cuillerée de farine, un demi-verre de champagne ou de vin blanc, sel, poivre, persil, ciboule hachés ; vous opérez lestement, et dès que la sauce est réduite, vous servez.

Pieds de mouton à la poulette.

Quand les pieds de mouton sont lavés, nettoyés, échaudés, on ôte le gros os qui va jusqu'à l'articulation, et on les met cuire environ cinq heures dans un blanc composé de saindoux, de lard coupé en petits morceaux, d'oignons, carottes, clous de girofle, ail, poivre, sel, cuillerée de farine, tranches de citron, vinaigre et eau. Les pieds de mouton sont cuits quand on voit que les os peuvent s'en détacher facilement. On met alors dans une casserole un morceau de beurre avec une cuillerée de farine, on mouille de bouillon et on y met les pieds avec petits oignons, persil et ciboules hachés, sel, poivre; laissez encore un peu mijoter, et quand vous êtes pour servir, faites une liaison de jaunes d'œufs avec filet de vinaigre ou jus de citron.

Pieds de mouton frits.

Les pieds de mouton étant préparés comme les précédents, mettez-les pendant deux heures dans une marinade chaude, composée de sel, poivre, ail, vinaigre, bouillon, beurre manié de farine, laurier et clous de girofle. Laissez refroidir; puis trempez dans de l'œuf battu; panez de mie de pain, faites frire et servez avec persil frit.

Queues de mouton à la braise.

Mettez dans une casserole oignons, carottes, bardes de lard ou émincés de jambon, bouquet garni, clous de girofle; placez vos queues, mouillez avec du bouillon et un peu de vin blanc, et faites cuire à petit feu. Quand les queues sont cuites, dégraissez et faites réduire la sauce à glace; dressez vos queues sur de l'oseille ou une purée, glacez-les et servez.

Queues de mouton frites.

Les queues de mouton étant braisées et cuites comme il vient d'être dit, vous les laissez refroidir, puis vous les panez, les trempez dans des œufs battus et les faites frire.

Queues de mouton grillées.

Après les avoir fait cuire encore comme ci-dessus, aplatissez-les et dressez-les ; panez-les et trempez-les dans des œufs battus ; salez un peu et repanez ; puis mettez sur le gril, vous les tremperez dans l'huile ou dans le beurre fondu. Après les avoir panées une première fois, ou bien pendant la cuisson, vous les arroserez de beurre fondu. Quand elles seront cuites et d'une belle couleur, vous les dresserez sur une sauce tartare ou sur une sauce piquante.

Langues de mouton en papillotes.

Les langues de mouton étant blanchies, cuites dans une braise ou dans le pot-au-feu et égouttées, assaisonnez-les de fines herbes hachées avec champignons, beurre, sel, poivre et fines épices. Quand vos langues sont bien garnies de cet assaisonnement, vous les enveloppez chacune d'un papier huilé et les faites griller. Vous les servez bien chaudes et enveloppées de leur papier.

Moyen à employer pour donner au mouton le goût du chevreuil.

Il arrive souvent qu'on mange du mouton pensant manger du chevreuil. Pour donner le goût de chevreuil au mouton, on prend et on pique de petits lardons, du filet, du gigot ou des côtelettes ; on les met dans un plat avec genièvre, marinade relevée et vinaigre ; on les laisse plusieurs jours, on les égoutte, on les fait cuire et on les sert avec une sauce piquante.

AGNEAU ET CHEVREAU.

On accommode l'agneau comme le chevreau ; ce qui sera dit de l'un peut être dit de l'autre. Dans bien des cas même, la manière d'accommoder l'agneau ou le chevreau peut être celle que nous avons indiquée pour le mouton.

Agneau pascal.

Prenez un agneau entier ; désossez le collet ; bridez, ficelez ; couvrez de bardes de lard et de papier beurré et mettez à la broche ; retirez le papier beurré quand votre agneau est aux trois

quarts cuit, donnez de la couleur, salez, poivrez
et servez.

Quartier d'agneau rôti à la broche.

Piquez de lard, en dessus, votre quartier d'a-
gneau, passez un hâtelet ou brochette dans la longueur, et attachez-le aux extrémités après la broche.
Enveloppez d'un papier beurré et retirez le papier
quand le quartier d'agneau est presque cuit pour
lui donner de la couleur.

Maniez beurre avec ciboule, persil, fines herbes
hachées ; dressez dessus votre agneau et servez.

Agneau à la poulette.

Quand votre quartier d'agneau est blanchi et
coupé en morceaux, mettez dans une casserole
beurre avec cuillerée de farine, délayez avec un
verre d'eau chaude ou bouillon. Quand la farine
est bien délayée, mettez vos morceaux d'agneau
avec bouquet garni, poivre, sel, oignons, laurier ;
ajoutez des champignons, et, avant de servir, liez
votre sauce avec jaunes d'œufs.

Épigramme d'agneau.

Prenez un quartier de devant d'un agneau, enlevez l'épaule, faites-la rôtir, et quand elle est rôtie, vous en faites une blanquette.

Faites cuire en même temps votre poitrine dans une braise. Quand elle est cuite, mettez-la en presse pour l'aplatir, et coupez-la en morceaux ayant la forme de côtelettes. Vous panez les morceaux, puis vous les trempez dans des œufs battus, les assaisonnez de sel, de poivre, les trempez dans du beurre fondu, les panez une seconde fois et les faites frire.

Pendant ces deux opérations, vous parez les côtelettes, les saupoudrez de sel et de poivre, vous les faites sauter dans du beurre et les dressez en couronne, en les entremêlant avec les poitrines. Vous versez la blanquette au milieu. Ce plat est ainsi composé de trois plats différents qu'on pourrait à toute force séparer.

DU COCHON.

Cochon de lait rôti à la broche.

Trempez le cochon de lait dans l'eau bouillante, ratissez, enlevez le poil et échaudez-le bien. Quand il est bien échaudé, mettez-le à la broche et arrosez-le avec de l'huile ; il faut le servir très-chaud.

Porc frais rôti à la broche.

Si .vous voulez que votre filet ou votre échinée de porc rôti soit excellent, faites-le mariner un jour ou deux dans l'huile avec poivre, sel, persil, laurier, thym, oignons, clous de girofle ; mettez-le ensuite à la broche, arrosez-le de sa marinade et servez.

Quand on le fait rôtir sans être mariné, on le sert avec une sauce piquante.

Côtelettes de porc frais.

Vous les mettez mariner comme le filet ou l'échinée dont nous venons de parler, et les faites cuire sur le gril ou dans la poêle. Vous les servez avec une sauce piquante, une sauce-Robert, aux cornichons ou ravigote.

Rognons de cochon au vin blanc.

Émincez, coupez vos rognons, faites-les sauter dans la casserole avec beurre, persil, ciboule, poivre ; faites en sorte qu'ils ne s'attachent pas. Mettez une pincée de farine, versez un verre de vin blanc, remuez sans faire bouillir et servez.

Pieds de cochon à la Sainte-Menehould.

Vos pieds étant bien nettoyés, fendez-les en deux dans leur longueur, enveloppez chaque partie dans une bande de toile liée aux deux bouts, et mettez-les cuire dans l'eau avec sel, poivre, bouquet garni, gousses d'ail, clous de girofle, thym, laurier, oignons, carottes. Écumez, laissez bouillir cinq ou six heures, laissez un peu refroidir ; défaites les enveloppes de toile, trempez les pieds dans l'huile, panez et faites griller.

Rognons de cochon grillés.

Fendez vos rognons sans les séparer, enfilez-les dans de petits hâtelets pour les maintenir ; assaisonnez de sel, poivre ; arrosez d'huile et mettez sur le gril, faites cuire à feu vif, retournez, enlevez les hâtelets, dressez-les sur un plat, couvrez-les de sel, poivre, persil, ciboules hachés, versez jus de citron et servez.

Boudin noir.

Hachez des oignons et mettez-les cuire dans une casserole avec du saindoux. Coupez en petits dés de la panne. Mettez le tout dans du sang de cochon et assaisonnez de persil haché, de poivre, de sel et de fines épices ; mêlez bien le tout.

Entonnez ensuite dans des boyaux. Il faut qu'ils soient propres et surtout non troués. Quand le boyau est rempli, faites vos boudins de la longueur que vous le désirez, en les séparant et faisant un nœud avec une ficelle. Mettez-les ensuite dans l'eau prête à bouillir pendant vingt minutes.

Les boudins sont cuits quand, en les piquant avec une épingle, il en sort de la graisse et pas de sang.

Boudin blanc.

Mettez dans une casserole des oignons coupés en petits morceaux et faites-les cuire avec du saindoux. Hachez ensemble de la panne et les restes d'une volaille cuite à la broche ; ajoutez mie de pain bouillie dans du lait, jaunes d'œufs, crème, sel, poivre, fines épices ; mêlez avec les oignons et versez dans les boyaux. Séparez vos boudins et faites-les cuire comme les boudins noirs, en les mettant dans l'eau chaude pendant vingt minutes sans laisser bouillir.

Saucisses.

Prenez de la chair de porc gras et maigre et hachez cette viande le plus fin que vous pourrez.

Assaisonnez de persil, de ciboules, de poivre, de sel, de fines épices. Entonnez dans des boyaux, liez et faites cuire sur le gril.

Cervelas fumé.

Prenez un morceau de la chair de porc frais entrelardée ; hachez avec sel, poivre, muscade, anis et coriandre, épices. Ficelez des boyaux par un bout ; entonnez ; ficelez l'autre bout, et mettez vos cervelas dans la cheminée pendant trois ou quatre jours pour les fumer. Au bout de ce temps, faites-les cuire trois heures dans l'eau avec sel, poivre, thym, ail, sauge, bouquet de persil. Mangez froid.

Saucissons de Lyon.

Prenez un morceau de chair maigre de porc, un morceau de filet de bœuf. Hachez fin et pilez. Ajoutez de petits morceaux de lard coupés en dés. Assaisonnez le tout de sel, de poivre fin, de gros poivre et de poivre en grains, avec un peu de salpêtre en poudre. Mêlez le tout et laissez mariner pendant un jour.

Ayez ensuite de gros boyaux de cochon bien nettoyés, bien lavés. Entonnez dedans le hachis, foulez-le de manière qu'il n'y ait aucun vide et ficelez dans la longueur que vous voudrez. Mettez-les dans une terrine avec sel, un peu de salpêtre, en les pressant avec quelque objet pesant. Laissez-les huit ou dix jours et pendez-les ensuite dans la cheminée afin de les sécher. Resserrez la ficelle qui les attache, frottez-les de lie de vin bouillie, avec thym, laurier, sauge; séchez-les, enveloppez-les de papier et mettez-les enfin dans une boîte couverte de cendres et dans un endroit sec.

Rillettes de Tours.

Coupez du porc frais en petits morceaux. Mettez la moitié d'un verre d'eau dans le fond d'un chaudron, et jetez dedans tous vos petits morceaux de porc frais. Allumez un feu clair et ardent; faites cuire, remuez et pressez les morceaux avec l'écumoire afin d'en faire sortir la graisse. Lorsque l'eau est complétement évaporée, et les rillons bien cuits et bien dorés, on les égoutte et on les sert.

SANGLIER.

La manière de faire cuire et d'assaisonner le cochon est à peu près la manière de faire cuire et d'assaisonner le sanglier. En général, on coupe la chair du sanglier, filet ou côtelettes, par tranches qu'on met dans une casserole avec beurre, ciboule, persil, thym, basilic. Quand ces tranches sont à moitié cuites, on les retire et on les laisse mariner dans leur sauce un jour et une nuit. On achève ensuite de les faire cuire et on les sert dégraissées avec des cornichons.

Moyen de donner au cochon le goût du sanglier.

On le met dans une forte marinade avec clous de girofle, ail, laurier, échalotes, genièvre, thym, menthe et vinaigre.

Ragoûts.

Prenez foies ou morceaux de viande, et mettez-les dans une casserole avec beurre. Mouillez de jus ou de bouillon, ajoutez verre de vin blanc, bouquet de persil, ciboule, champignons, gousse d'ail, poivre, sel ; dégraissez et servez.

6.

Ou bien, faites d'abord un roux ; mouillez de bouillon. Mettez votre viande avec bouquet garni, et le reste comme il vient d'être dit.

Farces, hachis.

Prenez volaille, gibier ou viande de boucherie cuite à la broche ; hachez le tout fin avec de la chair à saucisses. Assaisonnez et ajoutez deux ou trois œufs battus. Faites cuire le tout doucement dans une casserole avec beurre ; mouillez de bouillon et servez.

Boulettes de hachis.

Votre viande, gibier ou volaille, étant hachée avec de la chair à saucisses, vous en faites des boulettes que vous roulez dans la farine et que vous faites frire de préférence dans du beurre.

Grillades.

Prenez des grillades de veau, de bœuf ou de mouton. Pour qu'elles soient meilleures, faites-les mariner dans un peu d'huile, avec persil, poivre, sel, échalotes, ciboules hachés ; faites-les ensuite cuire à moitié dans une casserole ; retirez-les, enveloppez-les de papier huilé et finissez de les faire cuire sur le gril. Avant de servir, versez dessus jus de citron.

CHEVREUIL.

Chevreuil à la broche.

Piquez de fin lard un gigot du quartier de chevreuil ; faites-le mariner un jour ou deux avec huile, oignons, sel, poivre, épices, thym, vin rouge. Mettez-le ensuite à la broche, arrosez de sa marinade, et servez avec une sauce poivrade.

Filets et côtelettes de chevreuil.

Après avoir paré vos filets et côtelettes, piquez-les de lard et faites-les cuire avec cuillerées de bouillon, bouquet garni, rognons, carottes coupées. Quand ils sont cuits et glacés, servez-les avec une sauce piquante.

Civet de chevreuil.

Les épaules et la poitrine du chevreuil se mettent en civet. Faites d'abord un roux d'une belle couleur. Jetez pincée de sucre ; mouillez avec bouillon ou eau, et mettez vos morceaux de chevreuil avec échalotes, un demi-litre de vin rouge, morceaux de lard, sel, poivre et thym. Laissez cuire. Ajoutez, si vous voulez, un peu de truffes hachées dans la sauce ; dégraissez et servez.

Gigot de chevreuil.

Piquez de lard un gigot de chevreuil et faites-le mariner un jour ou deux avec huile, sel, oignons, thym, épices, bon vin rouge. Mettez à la broche, arrosez avec sa marinade, faites une sauce poivrade en employant un peu de cette même marinade. Mettez cette sauce dans une saucière et servez.

LIÈVRE.

Lièvre à la broche.

Prenez le râble du lièvre, c'est-à-dire la partie de derrière, piquez-le de lard et mettez-le à la broche. Arrosez, et quand il est cuit, servez avec une sauce faite avec son jus, son sang, vinaigre, poivre, sel, ciboule, échalotes.

Civet de lièvre.

Quand vous avez fait rôtir la partie de derrière de votre lièvre, vous faites un civet avec la partie de devant ou avec tout le lièvre, si vous voulez. Pour cela vous le coupez par membres et par morceaux, ayant bien soin de recueillir le sang.

Vous faites fondre et frire dans une casserole de petits morceaux de lard. Quand ces lardons sont cuits, vous les retirez et vous mettez à leur place les morceaux du lièvre que vous faites revenir. Vous ajoutez pincée de farine, vous mouillez avec vin rouge, un peu de bouillon ; vous joignez bouquet garni, poivre, sel, petits oignons, champignons. Vous remettez vos lardons frits, et quelques instants avant de servir, vous liez la sauce avec le sang du lièvre que vous avez mis de côté.

Levraut sauté.

Prenez, dépouillez, videz et coupez par morceaux un jeune levraut. Mettez-le dans une poêle ou casserole avec morceau de beurre, sel, poivre, épices ; sautez-le et ajoutez champignons, échalotes, persil haché et cuillerée de farine ; mouillez avec bouillon et vin blanc ; laissez un peu bouillir et servez.

Lièvre au chaudron à la minute.

Tuez un lièvre, coupez-le en morceaux, recueillez le sang et mettez ce sang dans un chaudron avec les morceaux de lièvre. Ajoutez un quart de lard coupé en morceaux, un bouquet garni, oignons, sel, beaucoup de poivre et un litre au moins de bon vin rouge. Mettez le chaudron sur un feu de bois sec ayant une belle flamme. Au premier bouillon, le vin doit s'enflammer. Laissez brûler ; quand la flamme cesse, roulez un bon morceau de beurre dans la farine et jetez-le dans le chaudron ; laissez encore diminuer la sauce et servez.

Pâté de lièvre haché en terrine.

Désossez un lièvre et enlevez toutes les chairs. Prenez une livre de porc frais maigre, un morceau de rouelle de veau, persil, ciboule, thym, laurier, poivre, girofle. Hachez le tout ensemble. Prenez une terrine, garnissez-la de bardes de lard, mettez votre hachis, versez dessus un verre d'eau-de-vie et recouvrez de bardes de lard. Mettez le couvercle qui doit fermer hermétiquement, en-

tourez-en le bord de pâte et faites cuire au four
pendant trois ou quatre heures.

LAPIN.

Gibelotte de lapin.

Prenez un lapin, dépouillez, videz et coupez-le
en morceaux. Mettez du beurre dans une casserole et faites rôtir de petits morceaux de lard.
Quand ces lardons sont frits, retirez-les et mettez
votre lapin ; faites-le revenir, ajoutez ensuite une
cuillerée de farine et laissez roussir. Mouillez
alors de bouillon, vin rouge ou vin blanc ; ajoutez
bouquet garni, oignons, poivre, sel, champignons,
et remettez vos petits morceaux de lard. Faites
cuire à petit feu. Retirez votre bouquet et servez.

Lapin rôti et civet de lapin.

Le lapin se fait rôtir et se met en civet de la même
manière que le lièvre.

Lapereau à la Saint-Lambert.

Coupez votre lapereau en morceaux et faites-le
cuire dans du bouillon, avec sel, poivre, muscade
et épices. Ajoutez oignons, carottes, navets, céleri,

bouquet garni. Lorsque les légumes sont cuits, retirez-les et passez-les en purée. Le lapereau étant ensuite cuit, retirez-le, passez au tamis ce qui reste dans la casserole, faites-en une sauce avec laquelle vous mouillez votre purée et versez sur votre lapereau.

Lapereau à la poulette.

Faites dégorger dans l'eau froide votre lapereau coupé en morceaux, mettez-le sur le feu avec un morceau de beurre dans une casserole ; ajoutez cuillerée de farine, sautez-le, joignez verre de vin blanc, bouillon, poivre, sel, ciboule, champignons, bouquet de persil. Laissez cuire jusqu'à ce que la sauce soit réduite ; liez avec jaunes d'œufs et servez.

CANARD.

Le canard sauvage a la chair plus noire, plus délicate que le canard domestique.

Canard rôti à la broche.

Plumez, videz, flambez, et troussez votre canard. Mettez-le à la broche. Arrosez et servez avec citrons en tranches.

Canard aux navets.

Mettez du beurre dans une casserole, joignez un peu de sucre et faites roussir de petits navets. Quand ils sont roussis, retirez-les, et dans cette même casserole faites revenir votre canard après l'avoir vidé, flambé et troussé. Quand votre canard a pris une belle couleur, retirez-le également, faites alors un roux : mouillez avec du bouillon et remettez votre canard avec sel, poivre, bouquet garni. Lorsque le canard est aux trois quarts cuit, mettez vos navets ; laissez encore aller doucement ; dégraissez et servez.

Canard en daube.

Lorsque le canard est vieux, lorsqu'on suppose qu'à la broche il ne serait pas tendre, on le met en daube.

Votre canard étant vidé et troussé, vous le piquez de lardons assaisonnés de sel, poivre, persil, ciboules, thym, laurier, basilic hachés. Vous le cousez et ficelez bien, et vous le mettez dans une daubière avec tranches de lard, la moitié d'un pied de veau, poivre, sel, oignons, bouquet garni, carottes, thym, clous de girofle, laurier, gousse d'ail. Vous mouillez avec du bouillon, vous ajoutez un verre d'eau-de-vie ; vous couvrez la daubière et faites cuire à très-petit feu, ayant soin de retourner ou de remuer un peu durant la cuisson, afin que le canard cuise partout et ne prenne pas au fond. Quand la cuisson est faite, après quatre ou cinq heures, vous dégraissez. Vous servez chaud ou froid avec la sauce mise en gelée.

On fait cuire aussi à la daube la dinde et l'oie.

Canard aux petits pois.

Faites prendre couleur à votre canard en le passant à la casserole avec du lard. Retirez le canard et le lard, faites un roux, mouillez avec du bouillon ; remettez le canard, le lard et vos petits pois ; assaisonnez avec sel, poivre, bouquet garni. Laissez cuire doucement, dégraissez et servez.

Sarcelle.

La sarcelle se mange comme le canard, rôtie à la broche. On la sert avec une sauce ravigote, et les restes s'accommodent en salmis.

OIE.

Oie rôtie à la broche.

Après avoir plumé, vidé et troussé votre oie, vous la mettez à la broche. Vous la faites cuire deux heures, ayant soin d'arroser. Vous servez avec le jus, conservant la graisse, qui est excellente pour friture de pommes de terre, soupe aux choux, etc.

Oie en daube.

L'oie se met en daube et s'assaisonne comme le canard.

Oie à différentes sauces.

Prenez les restes d'une oie rôtie à la broche, faites-les réchauffer sur le gril, ou mangez-les froids avec sauce ravigote, robert, tartare, etc.

Cuisse d'oie à la rémolade.

Trempez vos cuisses d'oie desservies dans la graisse de leur cuisson ; panez-les, arrosez légèrement d'huile et mettez sur le gril. Servez avec une sauce rémolade.

Moyen de conserver les cuisses, les ailes et les blancs d'oie.

Mettez dans le corps de votre oie, sel, poivre, deux ou trois feuilles de sauge; faites cuire à la broche, mais pas trop cuire. Retirez la graisse de la lèchefrite à mesure qu'elle s'emplit, sans arroser. Retirez votre oie de la broche, enlevez les ailes, les cuisses et les blancs, laissez la carcasse. Rognez les os des cuisses, ne conservez que la chair et laissez refroidir. Faites bouillir un quart d'heure dans un chaudron la graisse que vous avez reçue avec autant de saindoux. Mettez au fond d'un pot de grès une cuisse et une aile ; saupoudrez de sel, de poivre ; couvrez d'une feuille de laurier, remettez de nouveau une cuisse et une aile, assaisonnez encore, ainsi de suite ; pressez et tassez bien. Remplissez vos pots de la graisse bouillante, de manière que cette graisse recouvre d'un pouce ou deux ; laissez refroidir une nuit. Fermez ensuite avec parchemin mouillé ; ficelez bien et mettez dans un lieu sec et froid.

DINDE , DINDON.

Le dindon se fait cuire à la broche comme l'oie et le canard. On peut aussi le barder de lard et le farcir d'un hachis de diverses viandes mêlées avec de la chair à saucisses.

Dinde aux truffes.

Nettoyez et pelez vos truffes ; prenez-les moins belles, hachez-les avec un peu de lard et avec la pelure. Mettez-les dans une casserole avec les truffes entières et un morceau de beurre, sel, poivre, épices, laurier. Passez-les sur le feu un quart d'heure. Retirez-les ; laissez refroidir et mettez-les dans le corps de la dinde, ayant soin de coudre les ouvertures de manière que les truffes ne s'échappent pas. Faites-la cuire ainsi préparée à la broche, en daube ou dans une braisière.

Servez-la avec le jus dans lequel vous faites mijoter quelques débris de truffes hachées.

Dinde en daube.

La dinde se met en daube comme le canard ; elle s'assaisonne de la même manière.

Abatis de dindon.

Coupez vos abatis et séparez-les du corps de la dinde, faites-les sauter dans du beurre ; jetez une pincée de farine ; mouillez de bouillon, ajoutez sel, poivre, bouquet garni, et faites cuire. Faites également sauter dans du beurre des navets. Quand ils ont pris couleur, ajoutez-les, ou mettez, si vous voulez, quelques pommes de terre.

POULET, CHAPON, POULARDE.

Rôti.

Votre poulet étant bien nettoyé et vidé, ficelez les pattes, embrochez-le, faites-le cuire avec ou sans bardes de lard, en l'arrosant de temps en temps de son jus. Dressez votre poulet dans le plat. Entourez-le de cresson de fontaine et assaisonnez d'un jus de citron.

Fricassée de poulet.

Coupez votre poulet par morceaux et mettez-le une heure ou deux dans l'eau froide, afin que la chair devienne tendre et blanchisse. Retirez et essuyez.

Mettez un morceau de beurre dans une casserole ; faites sauter votre poulet ; ajoutez pincée de farine ; mouillez de bouillon ou d'eau chaude ; ajoutez sel, poivre, bouquet de persil, thym, laurier, clous de girofle, champignons, petits oignons. Faites cuire doucement. Quand vous voulez servir, faites une liaison avec jaunes d'œufs, et ajoutez jus de citron.

Des croûtons, des crêtes de coq, des écrevisses entourent et décorent très-bien le plat dans lequel on sert la fricassée de poulet.

Fricassée de poulet à la minute.

Coupez votre poulet en morceaux ; ne le faites pas blanchir ; mais faites-le sauter dans le beurre et cuire immédiatement. Retirez le poulet. Jetez une pincée de farine dans la sauce, tournez, ajoutez persil, échalotes, sel, poivre, épices, champignons ; mouillez d'un verre de vin blanc, remettez votre poulet. Laissez quelques instants encore cuire et réduire et servez.

Poulet à la tartare.

Votre poulet étant plumé et nettoyé, vous enlevez les pattes et le cou, et vous le fendez dans sa longueur et par le milieu, du côté de l'estomac.

Ainsi fendu, vous l'ouvrez et l'aplatissez. Vous le faites alors revenir dans une casserole avec ciboule, persil, sel et poivre. Quand il est presque cuit, vous le retirez, vous le panez, et le mettant sur le gril, vous achevez de le faire cuire à un feu doux. Vous lui faites prendre de la couleur des deux côtés et le servez avec une sauce à la tartare.

Poulet à l'estragon.

Maniez de beurre de l'estragon haché bien fin et mettez-le dans le corps du poulet. Cousez et troussez. Ayez de l'eau dans une casserole, et mettez votre poulet de manière qu'il baigne au tiers dans l'eau. Ajoutez carottes, sel, poivre, oignons, lard, clous de girofle, thym, et un peu d'estragon. Faites cuire. Retirez-le quand il paraît blanc et cuit. Faites réduire la sauce à glace ; liez-la avec un peu de fécule. Ajoutez des feuilles d'estragon, et servez votre poulet couché sur cette sauce, ayant tout autour des feuilles d'estragon.

Poulet à la marengo.

Coupez votre poulet en morceaux comme pour une fricassée, mettez-le dans une casserole avec une burette d'huile et sel fin. Faites-le cuire dans cette huile jusqu'à ce qu'il prenne couleur. Mettez un bouquet garni avant qu'il soit complétement cuit ; si vous en avez, mettez champignons et truffes coupés. Lorsque tout est cuit, dressez sur le plat avec sauce italienne, que l'on fait en mettant dans une casserole, truffes, persil, champignons hachés, échalotes, un peu de beurre, en faisant tout revenir, assaisonnant et mouillant avec un demi-verre de vin blanc et une ou deux cuillerées de l'huile dans laquelle a cuit le poulet.

Poule ou chapon au riz.

Votre poule ou votre chapon étant vidé, propre et troussé, vous le mettez dans une casserole où il baigne à peu près entièrement dans l'eau, avec sel, poivre, thym, laurier, clous de girofle, oignons, carottes et un peu de lard. Vous faites cuire.

Vous prenez la moitié de la cuisson et vous faites cuire dedans votre riz, après l'avoir bien lavé ; si la cuisson est trop courte, vous ajoutez un peu de bouillon. Quand le riz a tout absorbé, vous versez dessus le reste de la cuisson, s'il y en a encore, le liant au besoin avec de la fécule, et vous servez le chapon sur le riz.

Chapon rôti.

On fait rôtir le chapon comme le poulet. Après l'avoir flambé et vidé, on le trousse ; on le couvre de bardes de lard et on l'embroche. On l'arrose souvent de son jus, et on le sert quand il est cuit, avec cresson, assaisonné de vinaigre ou d'un jus de citron.

Poularde.

La poularde se prépare et se fait cuire comme le chapon.

PIGEON.

Pigeon rôti.

Plumez, videz, troussez et couvrez de bardes de lard vos pigeons. Mettez-les à la broche. Faites cuire, arrosez de leur jus, dressez sur le plat et servez.

Pigeon aux petits pois.

Mettez du beurre et du petit lard dans une casserole, troussez vos pigeons et faites-leur prendre couleur avec le beurre et le petit lard. Ajoutez petits pois, bouquet garni. Passez sur le feu, jetez une pincée de farine. Mouillez de bouillon et laissez cuire doucement. Quand vos petits pois sont à peu près cuits, mettez un morceau de beurre manié de farine, laissez s'épaissir et servez.

Pigeon à la crapaudine.

Prenez vos pigeons, fendez-les dans leur longueur et aplatissez-les sans les briser. Frottez-les avec de l'huile et assaisonnez-les de sel, de poivre, persil, ciboule, le tout bien haché. Panez-les de mie de pain ou chapelure, et faites cuire doucement sur le gril. Servez avec sauce piquante, faite avec vinaigre ou verjus, échalotes, poivre, sel et beurre.

Pigeon à la casserole, à l'étuvée.

Mettez vos pigeons dans une casserole avec beurre, sel, poivre, fines épices; faites-les revenir et retirez-les. Faites un roux. Mettez quelques petits oignons; mouillez avec bouillon et vin blanc; remettez vos pigeons avec bouquet garni, clous de girofle; et servez avec filet de vinaigre ou jus de citron.

Pigeon en compote.

Coupez du lard par morceaux, mettez-le dans une casserole et faites-le revenir avec les pigeons.

Retirez les pigeons et le lard, faites un roux, mouillez de bouillon, avec champignons et petits oignons sautés dans du beurre, poivre, sel, bouquet garni. Remettez vos pigeons et votre lard, laissez cuire à petit feu et servez.

———

FAISAN, COQ, PINTADE.

PERDRIX, BÉCASSES, BÉCASSINES, CAILLES, GRIVES MAUVIETTES.

Faisan, coq de bruyère, pintade.

Pour faire rôtir le faisan, le coq de bruyère ou la pintade, on barde de lard comme pour le chapon et le poulet, et on accommode pour entrées, comme nous allons le dire des perdrix et perdreaux.

Perdrix et perdreaux.

La perdrix rouge, que l'on distingue aux pattes rouges, est plus estimée que la perdrix grise. Les perdreaux sont plus tendres parce qu'ils sont plus jeunes.

Perdrix à la broche.

Après avoir plumé, vidé, bardé ou piqué fin, on met à la broche. Il faut faire en sorte de ne pas laisser trop cuire, afin de manger la perdrix avec toute sa saveur.

Perdrix aux choux.

Plumez, videz, flambez, habillez et troussez vos perdrix. Foncez une casserole de bardes de lard, mettez carottes, oignons, bouquet garni, clous de girofle; un morceau de lard de poitrine, un cervelas. Ayant d'abord eu soin de faire blanchir un chou de Milan dans une marmite avec petit salé et l'ayant bien égoutté, vous le mettez dans la casserole sur les perdrix. Vous couvrez le tout de bardes de lard; vous mouillez avec un peu de bouillon, et feu dessus, feu dessous, vous faites cuire pendant deux ou trois heures. Avant de servir, égouttez un peu; dressez les choux sur le plat, les perdrix sur le lard, et arrangez le cervelas coupé en morceaux symétriquement tout autour.

Bécasses à la broche.

Les bécasses s'accommodent comme les perdrix; elles se bardent de lard; on ne les vide pas.

Quand elles cuisent à la broche, on a soin de mettre dessous des rôties de pain pour recevoir le jus qui en tombe. On les sert sur ces rôties.

Cailles, alouettes ou mauviettes.

Les cailles, alouettes ou mauviettes se font rôtir à la broche avec bardes de lard. Un peu de feuille de laurier mis entre les bardes de lard leur donne un goût excellent.

Si on veut les servir sautées, mettez-les dans une casserole avec beurre et sel ; sautez-les. Quand elles sont revenues et ont pris couleur, jetez une pincée de farine, un verre de vin blanc et bouillon. Mettez champignons, échalotes, bouquet de persil, thym, laurier, clous de girofle ; quand tout est cuit, servez sur des croûtons frits.

BLANQUETTE, MARINADE

ET SALADE DE VOLAILLE.

Blanquette de volaille.

La blanquette de volaille se fait comme la blanquette de veau. On coupe les morceaux minces et

petits, et on procède comme nous l'avons indiqué
à la blanquette de veau.

Marinade de volaille.

Prenez votre volaille, coupez les membres et
faites-les dégorger dans l'eau. Faites-les ensuite
mariner pendant deux ou trois heures dans verjus
ou vinaigre, bouillon, sel, poivre, persil, oignons,
ciboule, laurier. Quand ils ont ainsi mariné, vous
les trempez dans des œufs fouettés, vous les fari-
nez et faites frire. Vous servez avec persil frit.

Salade de volaille.

Coupez en morceaux votre volaille froide et
rôtie, levez les chairs et mettez-les avec câpres,
cornichons, anchois, laitue coupée et fourniture.
Assaisonnez et mêlez comme une salade ordinaire,
dressez sur un plat, en mettant autour les laitues
coupées par quartiers et décorant le tout avec des
cornichons, des câpres, des anchois, des fleurs de
capucine, si c'est la saison.

CONSERVATION DES VIANDES

PENDANT LES CHALEURS DE L'ÉTÉ.

Votre viande étant fraîche, votre volaille ou votre gibier étant vidés, il faut les placer dans un endroit sombre ayant peu ou point d'ouverture et les envelopper d'un linge.

Si le temps est à l'orage, si vous craignez que votre viande ne s'avance, faites-la sauter et cuire à moitié dans le beurre, sans saler. Mettez-la au frais dans un vase bien clos, vous pourrez ainsi la garder encore quelques heures et même peut-être un jour.

Moyen d'attendrir les viandes.

Le moyen d'attendrir les viandes, comme nous l'avons indiqué en divers endroits, est de les battre avec un rouleau en bois.

A la fin de ce volume, aux observations sur l'économie domestique, nous reviendrons sur ce sujet et parlerons plus amplement des moyens de conservation, non-seulement des viandes, mais encore des légumes et des fruits.

POISSONS

POISSON DE MER.

Saumon au bleu ou court-bouillon.

Lavez bien, videz votre saumon et mettez-le dans une marmite ou dans une poissonnière. Remplissez la poissonnière de bon vin ; ajoutez sel, poivre, oignons, ail, clous de girofle, thym, laurier, persil, beurre. Mettez votre marmite sur un feu vif. Laissez prendre le feu au vin et réduire au demitiers, retirez le poisson, égouttez-le, et servez sur un plat oblong enveloppé d'une serviette, avec huile et vinaigre dans une saucière. Vous pouvez ne pas perdre votre bouillon et vous en servir une seconde fois, si vous voulez, en remplissant la poissonnière de vin.

Saumon sauce aux câpres.

Coupez plusieurs tranches de saumon frais et faites-les mariner dans l'huile avec persil, ciboules, échalotes, le tout haché, poivre et sel ; enveloppez vos tranches de papier beurré avec leur marinade. Mettez cuire sur le gril, ôtez le papier et servez sur une sauce blanche aux câpres.

Saumon à la maître d'hôtel.

On le fait griller tout simplement par tranches, et on le sert avec beurre fondu ou sauce piquante.

Saumon en mayonnaise.

Mettez tranches de saumon dans une casserole avec oignons, carottes, champignons, sel, poivre, épices, bouquet garni et verre de vin blanc. Quand la cuisson est terminée, retirez du feu, laissez refroidir et servez sur une sauce mayonnaise.

Turbot.

Lavez et videz votre turbot, faites-lui une incision le long du dos et enlevez quelques joints d'arêtes afin qu'il ait, en cuisant, plus de souplesse et ne se fende pas. Frottez-le de jus de citron, mettez-le dans une casserole pleine d'eau et très-salée. Faites partir le feu vivement, afin que le poisson trop longtemps dans l'eau ne se brise pas et ne se corrompe pas ; mais sitôt que l'eau est près de bouillir, il faut l'arrêter, la laisser seulement frémir et pour ainsi dire mijoter. Quand le turbot est cuit, retirez-le, faites-le égoutter et servez-le sur une serviette, le ventre en dessus, entouré de persil et accompagné d'un huilier ou d'une sauce aux câpres ou au beurre d'anchois.

Truites.

Les truites se nettoient, se lavent, s'accommodent et se servent comme le saumon.

Raie au beurre noir.

Ayant bien lavé et nettoyé votre raie, lui ayant coupé les ailes, vous la mettez dans un chaudron ou casserole, de manière qu'elle baigne dans l'eau. Vous ajoutez poivre, sel, thym, laurier, bouquet de persil, clou de girofle, un verre de vinaigre. Retirez-la du feu au premier bouillon, et retirez-la de l'eau quelques minutes après. Otez la peau noire qui est dessus, coupez les nageoires, parez les barbes; dressez-la sur votre plat avec sel et poivre.

Mettez dans la poêle un morceau de beurre, attendez qu'il soit très-chaud, et faites frire dedans du persil, versez sur la raie. Faites encore chauffer dans la poêle une cuillerée de vinaigre et versez de nouveau sur le plat.

Raie au beurre blanc.

La raie étant préparée et cuite comme la précédente, étant surtout d'une grande fraîcheur, vous faites fondre dans votre plat un morceau de beurre frais avec sel, poivre, verjus ou jus de citron, et vous dressez dessus.

Raie à la sauce blanche.

Votre raie étant encore lavée, nettoyée, préparée et cuite comme ci-dessus, vous la servez avec une sauce blanche aux câpres.

Morue salée au blanc.

Choisissez de préférence celle dont la chair est blanche, qui a la peau noire et de grands et larges feuillets. Faites-la dessaler un ou deux jours; mettez-la sur le feu, dans un chaudron plein d'eau froide, retirez-la au premier bouillon. Couvrez le chaudron, et laissez-la de dix minutes à un quart d'heure; retirez-la de l'eau, égouttez-la; faites fondre dans une casserole un morceau de beurre, jetez une pincée de farine et un peu de poivre; ajoutez un peu de crème ou lait; délayez; mettez un instant votre morue dans cette sauce pour qu'elle en prenne le goût, et servez.

Morue à la maître d'hôtel.

Étant dessalée et cuite comme ci-dessus, vous la dresserez sur un plat avec un bon morceau de beurre frais, poivre, ciboules, persil hachés, muscade râpée, verjus ou vinaigre. Faites bien mijoter dans le beurre, retournez et servez.

Morue aux câpres.

Étant cuite comme les précédentes et dressée sur le plat, vous servez dessus une sauce blanche avec des câpres et des anchois.

Morue aux pommes de terre.

La morue étant cuite de la même manière, vous la servez avec de petites pommes de terre cuites à l'eau, avec une sauce blanche, avec ou sans câpres et anchois.

Morue au gratin.

Votre morue étant dessalée, lavée et écaillée, prenez-en toute la chair et sautez-la avec beurre, persil et champignons hachés, muscade, poivre et bonne béchamelle. Prenez un plat qui aille au feu, beurrez et semez mie de pain, mettez votre morue, garnissez de croûtons trempés dans un œuf battu, arrosez de beurre fondu, semez mie de pain ; mettez feu dessus, feu dessous, faites prendre couleur et servez.

Morue à l'huile et au vinaigre.

La morue étant cuite comme il a été dit précédemment, on la mange assaisonnée avec sel, poivre, huile et vinaigre.

Alose au bleu.

Lavez et videz votre alose ; faites-la cuire au bleu comme le saumon, et servez-la sur une serviette entourée de persil, avec huile et vinaigre dans une saucière.

Alose à l'oseille.

Votre alose étant écaillée, vidée et bien lavée, vous la mettez mariner avec huile, sel, poivre, ciboules, persil, thym, laurier. Vous la faites griller, vous arrosez en cuisant avec la marinade, et vous la servez sur l'oseille.

Alose grillée.

L'alose ayant été marinée et étant cuite comme la précédente, on la sert avec une sauce au beurre et aux câpres.

Anguille de mer.

Lavez bien votre anguille et ressuyez-la avec soin. Coupez par tranches épaisses, saupoudrez de sel, et faites griller à petit feu. Servez ensuite avec sauce ravigote, tartare, ou arrangez-la comme la raie au beurre noir ou à la sauce blanche aux câpres ou cornichons.

MAQUEREAU.

Maquereau à la maître d'hôtel.

Prenez votre maquereau, videz-le, essuyez-le et fendez-le par le dos. Si vous voulez qu'il soit plus délicat et excellent, faites-le mariner une heure dans un peu d'huile avec poivre, sel. Mettez sur le gril et arrosez avec la marinade. Quand il est cuit, faites fondre dans votre plat morceau de beurre frais, manié de persil, avec poivre et sel, dressez votre maquereau sur ce plat et versez dessus un filet de vinaigre ou un jus de citron.

Maquereau à l'huile, maquereau sauce tomate ou tartare.

Quand votre maquereau est essuyé, préparé et

cuit comme le précédent, vous le servez à l'huile ou au vinaigre, ou avec la sauce tomate ou tartare.

Filets de maquereau sautés.

Enlevez les filets du maquereau, coupez-les d'une longueur convenable, ôtez la peau, et faites-les cuire dans du beurre frais avec poivre, sel, muscade; ajoutez jus de citron. Retournez-les sans les rompre, afin qu'ils cuisent de tous côtés dans le beurre, puis servez-les avec sauce tomate, tartare ou ravigote.

Sole, limande, plie, carrelet au gratin.

Vos soles étant bien vidées, lavées, nettoyées et préparées, vous mettez un bon morceau de beurre manié de farine dans votre plat, avec fines herbes, ciboules, champignons, persil hachés, poivre et sel, et vous couchez vos soles dessus. Vous faites sur le poisson l'assaisonnement que vous avez fait dessous; vous ajoutez un peu de beurre fondu et chapelure, vous mouillez avec vin blanc ou bouillon. Vous faites cuire doucement, feu dessus, feu dessous, pour faire gratiner, et vous servez.

Les limandes, plies ou carrelets, se font cuire et s'accommodent de la même manière; mais ces

poissons, surtout quand ils sont gros, sont beaucoup moins délicats.

Sole normande.

Videz, lavez et nettoyez bien votre sole ; mettez-
la sur des morceaux de beurre dans une poissonnière ou sur un plat de cuivre argenté ou d'argent,
avec persil, thym, oignons, sel, poivre, muscade
bien hachés, un verre de bon vin blanc, autant de
bouillon, douze huîtres, douze moules ouvertes et
blanchies d'avance dans l'eau bouillante ; quelques
petits goujons trempés et revenus dans le beurre.
Couvrez le plat et faites cuire doucement. Quand
la sole est cuite, retirez-la et placez-la sur un plat
tenu sur le feu, mettant autour la sauce, les huîtres,
les petits goujons ; ajoutant encore champignons,
croûtons et truffes que l'on fait sauter à la casserole
dans du beurre avec jus de citron.

Harengs frais à la sauce blanche.

Mettez d'abord votre gril au feu, pour qu'il soit
chaud quand vous y mettez vos harengs, afin qu'ils
ne s'y attachent pas ; videz, nettoyez vos harengs.
Mettez-les sur le gril ; quand ils sont cuits, servez-
les avec une sauce blanche et câpres, si vous
voulez.

Harengs frais à la maître-d'hôtel.

Vos harengs étant fendus sur le dos, nettoyés et cuits sur le gril, comme les précédents, dressez-les sur un plat, et mettez dessus et dessous du beurre frais avec persil, poivre, sel. Mettez le plat chauffer un peu, afin que le beurre fonde, servez avec filet de vinaigre ou jus de citron.

Harengs à la moutarde.

Les harengs étant préparés et cuits sur le gril comme les précédents, servez-les avec une saucière contenant une sauce faite sur le feu, dans une casserole, avec un morceau de beurre, un peu de bouillon, une pincée de farine, du sel et une petite cuillerée de moutarde.

Harengs frais à la tartare.

Ayant fait mariner les filets de harengs que vous avez enlevés, les ayant parés et fait cuire sur le gril, vous les servez avec une sauce tartare.

Harengs saurs.

Les harengs saurs que l'on fait cuire sur le gril, en les fendant dans leur longueur, se mangent habituellement assaisonnés d'huile, ou avec de la fourniture, comme une salade.

Harengs saurs marinés.

Enlevez la tête, la peau et les arêtes des harengs, ne gardez que la chair, les filets ; mettez-les blanchir dans l'eau bouillante, laissez refroidir, puis mettez-les mariner dans l'huile. Servez dans cette huile avec fines herbes.

Harengs saurs panés et grillés.

Fendez vos harengs dans leur longueur, par le dos, enlevez les arêtes, la tête, la queue, et faites-les blanchir dans de l'eau bouillante ; retirez-les, trempez-les dans du beurre fondu, panez-les. Quand vous les avez panés, retrempez-les dans le beurre et repanez-les, mettez des fines herbes dans la panure, faites-les griller, arrosez-les abondamment d'huile, et servez.

MERLAN.

Merlans frits.

Videz vos merlans, laissez ou remettez les foies, faites quelques incisions des deux côtés, roulez-les dans la farine et faites-les frire; salez-les avec sel fin, et servez-les sur une serviette blanche dans un plat.

Merlans au gratin.

Après les avoir nettoyés et vidés, on les assaisonne et on les fait cuire comme les soles.

Merlans grillés.

Après avoir préparé les merlans comme il vient d'être expliqué, on les met tremper dans l'huile avec ciboule, persil, échalotes hachés, sel et poivre. Faites griller sur un feu ardent, arrosez avec la marinade, et, quand ils sont cuits, servez-les avec une sauce au beurre ou sauce blanche aux câpres.

Merlans aux fines herbes.

Otez la tête et la queue de vos merlans, mettez-les dans un plat ou dans une tourtière sur du beurre saupoudré de fines herbes, faites fondre du beurre, arrosez et mouillez avec vin blanc, retournez-les à moitié cuits, et laissez cuire des deux côtés; retirez ensuite la sauce, liez-la avec du beurre manié de farine, et, sur cette sauce, servez vos merlans avec jus de citron.

Rouget, barbet.

Nettoyez votre rouget, videz-le, faites-le cuire au court-bouillon, enlevez les écailles et la tête, et servez-le avec sauce à l'huile et au vinaigre ou aux câpres.

Le barbet se fait cuire et se mange de la même manière.

Sardines.

Si vous voulez manger des sardines salées, écaillez-les un peu, lavez-les et mettez-les une minute sur le gril ; puis, faites une sauce avec beurre manié de farine, un peu de moutarde, filet de vinaigre, sel et poivre.

Si elles sont fraîches, faites-les frire dans du beurre frais, et servez.

Éperlans.

Prenez vos éperlans, nettoyez-les, videz-les, et essuyez-les bien ; trempez-les dans du lait, farinez-les ensuite et faites-les frire.

On peut les servir frits, avec une sauce ou au gratin.

Anchois.

Les anchois sont de petits poissons plus délicats que les sardines, et que l'on vend confits. On les lave, on lève les filets, on les arrose d'huile et on les sert.

Salade d'anchois.

Prenez les filets de vos anchois, lavés et nettoyés ; hachez séparément des jaunes et des blancs d'œufs et de la fourniture de salade ; arrangez tout cela avec symétrie, entremêlant avec goût les jaunes, les blancs, la fourniture et les filets d'anchois ; assaisonnez d'huile, d'un peu de vinaigre, et servez.

Huîtres.

La meilleure manière de manger les huîtres est certainement de les manger crues, dans leur état naturel, avec du jus de citron, ou une simple sauce faite avec échalotes, poivre et vinaigre qu'on verse dessus.

Elles perdent de leur goût et ne semblent point aussi bonnes grillées ou frites, quoiqu'elles soient appréciées dans la sauce de la sole normande.

Moules à la poulette.

Prenez des moules fraîches sans crabes, lavez-les bien, nettoyez les coquilles, et mettez-les dans une casserole sans eau et sur un bon feu pour les faire ouvrir. Quand elles sont ouvertes, enlevez la coquille de dessus à chacune, et dressez les autres dans un plat ; mettez dans une casserole, beurre, pincée de farine, persil haché, sel et poivre, arrosez avec un peu de leur jus, liez avec jaune d'œuf, ajoutez filet de vinaigre, versez sur vos moules, et servez.

Moules aux fines herbes.

Les moules étant nettoyées, ouvertes et préparées comme les précédentes, vous les mettez dans un plat ou une casserole avec un bon morceau de beurre ; vous ajoutez fines herbes, sel, poivre, et les faites sauter et cuire durant une demi-heure.

Moules à la marinière.

Nettoyez, lavez vos moules et mettez-les dans une casserole, sur un bon feu, avec oignons, carottes, thym, persil, ail, laurier, poivre et clous de girofle. A mesure que les moules s'ouvrent, retirez-les et supprimez les crabes et la coquille qui ne tient pas à la moule. Tirez au clair un peu de la cuisson, ajoutez vin rouge ou blanc ; quand cette sauce est en ébullition, liez-la avec beurre manié de farine, mettez dedans un instant vos moules et servez.

Écrevisses de mer, homard, crabes.

Mettez-les dans l'eau, et faites-les bouillir sur un bon feu pendant une bonne demi-heure, avec vinaigre, persil, ciboule, thym, laurier, sel et poivre. Pendant qu'ils cuisent, trempez dans le bouillon la pelle rougie au feu, laissez-les refroidir dans leur cuisson et faites-les égoutter ; cassez-leur les pattes, fendez-les dans leur longueur, et servez-les froids sur une serviette avec une rémolade dans une saucière.

Salade de homard.

Découpez les chairs d'un homard cuit comme nous venons de le dire : servez-les sur un plat entremêlées de cœurs de laitues, fourniture de salade, tranches d'œufs durs, câpres, filets d'anchois assaisonnés de sel, de poivre, huile et vinaigre.

POISSON D'EAU DOUCE.

Carpe frite.

Prenez une carpe, écaillez-la et fendez-la par le dos dans toute sa longueur ; ôtez ce qu'elle a dans

le corps avec la laite et les œufs ; faites-la mariner
dans du vinaigre, avec sel, poivre, thym, laurier,
muscade; farinez-la, et faites-la frire dans une friture bouillante ; passez également dans la farine la
laite et les œufs, et faites-les également cuire dans
la friture.

Servez avec persil frit autour.

Quand les carpes, pêchées dans des étangs
bourbeux, ont un mauvais goût de vase, on fait
passer ce mauvais goût en leur faisant avaler un
verre de vinaigre. Sitôt qu'elles ont ce verre de
vinaigre dans le corps, il leur sort partout une matière épaisse qu'on enlève en les écaillant et en les
grattant avec un couteau.

Carpe à la provençale.

Coupez votre carpe par tronçons, mettez-la dans
une casserole avec huile, vin, sel, poivre, persil,
ail, ciboules, échalotes, champignons hachés et
morceau de beurre manié de farine. Faites cuire,
réduire, et servez.

Carpe sur le gril.

Après avoir écaillé et vidé votre carpe, vous la
mettez cuire sur le gril, et vous la servez avec une

farce d'oseille ou avec une sauce blanche aux câpres : ajoutez un jus de citron.

MATELOTES.

Matelote de carpe, d'anguille, brochet, barbillon, etc.

Prenez votre carpe, votre anguille ou vos poissons ; écaillez-les, videz-les et coupez-les en tronçons ; mettez dans une casserole, thym, persil, laurier, bouquet garni de clous de girofle, sel et poivre, gousse d'ail : placez votre poisson et mouillez abondamment de vin rouge et de bouillon, faites bouillir sur un bon feu vingt-cinq minutes. Mettez dans une autre casserole un morceau de bon beurre, faites sauter dans ce beurre de petits oignons, ajoutez une pincée de farine, mouillez avec la cuisson du poisson, ajoutez champignons, jus de citron. Quand les oignons sont cuits, quand la matelote est réduite et cuite également, versez la matelote dans un grand plat avec le ragoût d'oignons, de champignons, et garnissez de croûtons frits et d'écrevisses.

Matelote à la marinière.

Prenez votre poisson, nettoyez-le et préparez-le comme ci-dessus. Mettez dans un chaudron thym, laurier, ciboules, persil, bouquet garni, des oignons, clou de girofle, gousse d'ail, champignons, sel et poivre, dressez votre poisson sur cet assaisonnement, versez du vin rouge. Pendez à la crémaillère et faites lestement cuire. Quand le vin est près de bouillir, jetez dans le chaudron des boulettes de beurre manié de farine, remuez le chaudron ; mettez un verre d'eau-de-vie et laissez prendre feu. Quand la sauce est réduite, dressez le poisson avec son assaisonnement, enlevez le bouquet garni, et entourez de croûtons frits dans le beurre.

Brochet au bleu ou court-bouillon.

Prenez votre brochet, ne l'écaillez pas ; vous ôtez seulement les ouïes et le videz. Faites-le cuire comme il est dit du saumon, et servez à l'huile et au vinaigre.

Brochet aux câpres.

Après l'avoir fait cuire comme au bleu, vous le servez avec une sauce blanche aux câpres.

Brochet à la maître-d'hôtel.

Vous le préparez, nettoyez, le faites cuire et l'assaisonnez comme le maquereau.

Il faut s'abstenir de manger la laite et les œufs du brochet ainsi que les œufs du barbillon.

Perche au bleu.

Videz, nettoyez votre perche, ôtez les ouïes, faites-la cuire au court-bouillon comme le saumon. Quand elle est cuite, enlevez les écailles et servez-la avec une sauce à l'huile.

Tanches aux fines herbes.

Prenez vos tanches, afin qu'elles ne sentent pas la vase et s'écaillent facilement, trempez-les vivement dans l'eau bouillante, et retirez-les. Quand elles sont écaillées, videz-les et mettez-les mariner dans l'huile avec ciboules, échalotes, persil hachés, thym, laurier, poivre et sel. Enveloppez-les bien de papier avec la marinade, mettez-les sur le gril, faites-les cuire, enlevez le thym et le laurier, et servez avec une sauce blanche ou poivrade.

Barbillon.

Le barbillon ou barbeau se fait cuire comme la carpe ; on peut le manger également au bleu avec une sauce à l'huile.

Goujon.

Le goujon est un petit poisson rondelet très-délicat ; on le lave, on le vide, on l'essuie, on le farine et on le fait frire.

ANGUILLE.

Anguille à la tartare.

Prenez une anguille, attachez-la par la tête, coupez la peau autour du cou, et, la tirant, dépouillez-la jusqu'à la queue ; coupez la tête, amincissez le bout de la queue, afin de la mettre dans l'intérieur du corps par le haut, et d'en former ainsi une couronne. Mettez dans une casserole, carottes, oignons, gousses d'ail, persil, thym, laurier, clous de girofle, votre anguille ; ajoutez sel et poivre, mouillez moitié bouillon, moitié vin blanc ; couvrez d'un papier beurré, et faites cuire feu dessus, feu dessous. Au bout d'une heure environ, vous enlevez votre anguille, vous faites un roux blanc que vous mouillez avec la cuisson de l'anguille. Quand ce roux est réduit, vous le liez avec jaunes d'œufs, et passez au tamis sur l'anguille, vous laissez refroidir, vous la panez une première fois, puis la trempant dans des œufs battus, la panez une seconde fois, et l'arrosant de beurre fondu, la mettez à un feu doux, sur le gril, ou dans un four de campagne. Servez avec sauce tartare.

Anguille à la poulette.

Dépouillez votre anguille, coupez-la par tronçons, et mettez-la bouillir cinq minutes dans l'eau bouillante avec deux ou trois cuillerées de vinaigre ; laissez-la égoutter. Mettez dans une casserole un morceau de beurre manié de farine, faites fondre sans roussir, et mouillez avec un verre de vin blanc et un verre d'eau bouillante : ajoutez sel, poivre, bouquet garni, champignons, jus de citron, laissez cuire votre anguille une demi-heure, liez la sauce avec jaunes d'œufs, et servez.

Anguille marinée grillée.

Votre anguille étant dépouillée, coupez-la par

morceaux, et faites-la sauter dans une casserole avec beurre ; mettez-la mariner dans un plat trois ou quatre heures avec poivre, sel, persil, muscade, champignons, ciboule, échalotes, fines herbes hachées, un peu d'huile ; panez ensuite de mie de pain ; faites griller et servez avec sauce piquante.

Lamproie.

Prenez votre lamproie et limonez-la, afin qu'elle ne sente pas la bourbe, c'est-à-dire, comme nous l'avons déjà expliqué, trempez-la un instant dans l'eau bouillante, et la retirant, grattez-la avec un couteau. Puis vous la ferez cuire, soit sur le gril avec sauce aux câpres ou à la rémolade, soit en matelote comme la carpe, soit à la tartare comme les anguilles.

Écrevisse.

Lavez vos écrevisses et faites-les cuire dans un court-bouillon d'eau, de vin blanc, de vinaigre, avec oignons, carottes, ail, persil, laurier, sel et poivre ; laissez bouillir huit ou dix minutes, retirez votre casserole, couvrez-la, et laissez vos écrevisses dedans encore un quart d'heure ; puis retirez-les, égouttez-les, et les servez en pyramide avec branches de persil.

GRENOUILLES.

Cuisses de grenouilles en fricassée de poulet.

Jetez vos cuisses de grenouilles dans l'eau bouillante, et donnez-leur un simple bouillon; retirez-les, égouttez-les; mettez dans une casserole un morceau de beurre avec bouquet de persil, ciboule, champignons, gousses d'ail; faites sauter vos grenouilles, ajoutez pincée de farine, mouillez avec bouillon, vin blanc, sel, poivre; laissez cuire vingt minutes, et liez avec jaunes d'œufs.

Escargots.

Remplissez un chaudron d'eau, avec une poignée de cendre, et quand l'eau commence à bouillir, jetez dedans vos escargots; enlevez de dessus le feu après un quart d'heure ou vingt minutes, et retirez les escargots de leurs coquilles. Nettoyez-les en les passant plusieurs fois dans l'eau tiède, égouttez-les. Mettez dans une casserole un bon morceau de beurre, et pincée de farine; mouillez avec bouillon, ajoutez vin blanc, bouquet de persil, sel, poivre, ciboules, thym, laurier, champignons et les escargots. Faites une liaison de jaunes d'œufs et servez avec jus de citron ou verjus.

LÉGUMES

HARICOTS

Haricots verts au maigre.

Cassez le bout de vos haricots verts et enlevez les filandres ; quand ils sont épluchés et lavés, jetez-les dans l'eau bouillante et salez. — Quand ils sont cuits, retirez-les, et, afin de conserver leur verdeur, mettez-les dans l'eau froide ; retirez et égouttez. Mettez dans une casserole un morceau de beurre, pincée de farine, ciboule et persil hachés, sel, un peu de l'eau dans laquelle vous les avez fait cuire ou un verre de lait, laissez bouillir un quart d'heure, et servez avec une liaison de jaunes d'œufs, jus de citron ou filet de vinaigre.

Haricots verts à la maître-d'hôtel.

Vous préparerez et ferez cuire vos haricots comme les précédents. Lorsqu'ils sont presque

cuits, vous mettez dans une casserole un morceau
de beurre frais manié de persil et ciboules hachés.
Vous retirez vos haricots, et après les avoir égouttés, vous les mettez dans la casserole avec sel,
poivre, verjus ou filet de vinaigre.

Haricots verts au beurre noir.

Faites cuire vos haricots comme précédemment,
assaisonnez-les de sel, de poivre et les versez dans
un plat. Mettez dans une poêle un morceau de
beurre, faites-le roussir et faites sauter dans la
poêle, avec le beurre roussi, vos haricots. Ajoutez,
si vous voulez, cuillerée de vinaigre et servez.

Haricots verts en salade.

Après les avoir fait cuire et égoutter comme nous
venons de le dire, on les assaisonne, une ou deux
heures avant de servir, de sel, de poivre, de vinaigre, et on les couvre. Lorsqu'on est près de servir,
on égoutte encore l'eau qu'ils peuvent avoir rendue, et on ajoute de l'huile et de la fourniture.

Haricots blancs.

Pour faire cuire les haricots blancs nouveaux, il
faut les mettre dans l'eau bouillante et les saler
quand ils sont à moitié cuits. On les égoutte dans

une passoire quand ils sont retirés, et on les accommode comme on le juge convenable.

Les haricots blancs secs, ainsi que les lentilles,
fèves et pois secs, se mettent cuire à l'eau froide.
Quand on veut se servir du bouillon pour faire une
soupe, on l'allonge un peu et on y joint un bouquet garni, carotte et oignon, piqué d'un clou de
girofle.

Haricots blancs à la maître-d'hôtel.

Faites cuire vos haricots comme nous venons de
le dire. Pendant qu'ils sont chauds, égouttez-les
et mettez-les dans une casserole, avec beurre frais
manié de persil et ciboule hachés ; ajoutez sel,
poivre, avec ou sans filet de verjus ou de vinaigre,
et servez.

Haricots blancs au gras.

Vos haricots étant cuits comme ci-dessus, mettez
dans une casserole un oignon coupé, avec la
graisse ; faites roussir l'oignon, mettez persil haché,
et ajoutez vos haricots avec poivre, sel, filet de
vinaigre. Mouillez avec bouillon, si vous le jugez
convenable ; laissez cuire environ une demi-heure
et servez.

Haricots blancs en salade.

Les haricots étant cuits comme ci-dessus, vous les assaisonnez en salade comme les haricots verts.

Haricots blancs au jus.

Vous assaisonnez vos haricots à peu près comme ceux au gras. Vous faites roussir dans la casserole une pincée de farine avec de la graisse ; vous faites revenir dedans vos haricots cuits, comme nous l'avons dit ; vous ajoutez jus, bouillon, poivre, sel ; vous laissez bouillir vingt minutes et vous servez.

Haricots rouges à l'étuvée.

Si vos haricots rouges sont nouveaux, vous les mettrez comme les haricots blancs à l'eau bouillante ; s'ils sont secs, à l'eau froide, avec lard et petits oignons. Quand ils sont cuits, vous les faites sauter dans une casserole avec un morceau de beurre, fines herbes et pincée de farine. Vous ajoutez un verre de bon vin rouge, du lard et des oignons, et après une demi-heure de cuisson, vous servez.

PURÉES

Purée de haricots.

Prenez vos haricots, lavez-les, mettez-les dans une casserole avec eau, sel, beurre, thym, laurier. Mouillez et laissez cuire et crever à petit feu. Votre purée étant faite, mettez beurre, jus ou graisse. Empêchez de s'attacher.

Ou bien, laissez tremper vos haricots dans l'eau tiède. Mettez-les dans une marmite avec oignons, carottes, clous de girofle, bouquet de persil, thym, laurier, lard, sel et poivre. Quand ils sont cuits, passez-les et mettez-les de nouveau dans une casserole avec un peu de leur bouillon.

Purée de pois secs.

Vos pois étant concassés et dépouillés de leur pelure sèche ou enveloppe, vous faites votre purée comme celle de haricots.

Purée de pois verts.

Mettez vos pois verts dans l'eau et faites-les cuire avec sel, persil, ciboule. Assaisonnez de beurre ou de jus, et servez.

Purée de lentilles.

Faites la purée de lentilles comme celle de haricots. Mouillez et faites cuire convenablement.

POIS.

POIS VERTS, PETITS POIS

Petits pois.

Prenez deux litres de petits pois. Les plus fins sont les plus tendres, les plus sucrés, les meilleurs. Mettez-les dans une casserole où vous avez fait fondre un morceau de beurre, avec bouquet de persil, ciboule, un cœur de laitue pommée, quelques petits oignons, un peu de sel et de sucre, et faites-les cuire à petit feu en remuant de temps en temps. Lorsqu'ils sont cuits, ôtez le bouquet de persil, la laitue ; liez avec un morceau de beurre manié de farine, et servez.

Si vous voulez opérer encore plus simplement, mettez dans une casserole un bon morceau de beurre frais, faites sauter dedans vos petits pois avec sel et sucre. Laissez mijoter, remuez. Au bout

d'une demi-heure, liez avec jaunes d'œufs, et
servez.

Petits pois au lard.

Coupez du petit lard en morceaux et faites-le
revenir dans une casserole avec du beurre.

Vos pois étant lavés et égouttés, vous les mettez
dans une autre casserole avec un morceau de
beurre, et vous les faites suer. Vous les mouillez
ensuite avec bouillon, et vous ajoutez votre petit
lard avec ciboules, bouquet de persil. Goûtez, et
si, à cause du petit lard, ils sont trop salés, mettez
un peu de sucre, retirez le bouquet, et servez.

Vous pouvez encore tout simplement faire revenir le lard dans du beurre, mettre tout de suite vos
pois, et, les mouillant d'eau ou de bouillon, les assaisonner avec bouquet et les laisser cuire.

Fèves de marais.

Il vaut mieux les manger, même jeunes, sans
leur robe, afin de ne pas sentir leur âpreté. Quand
on n'ôte pas leur pelure, il faut les faire bouillir
plus longtemps, afin que cette âpreté se sente
moins.

Quand vous les avez fait aux trois quarts cuire
dans de l'eau et du sel, vous les mettez dans une casserole, avec beurre, pincée de farine, bouquet de

persil, ciboule et sarriette. Faites sauter, mouillez de bouillon, et, après avoir fait une liaison de jaunes d'œufs avec un peu de lait, servez.

LENTILLES.

On prépare et accommode les lentilles comme les haricots. Les lentilles étant un légume sec, on les met cuire au feu à l'eau froide.

CHOUX

Chou farci.

Ayez un chou bien pommé, ôtez les feuilles de dessus qui ont de grosses côtes et le trognon, et faites-le blanchir dans l'eau chaude quelques minutes, afin d'en ôter l'âcreté. Faites-le égoutter un instant. Faites un trou dans l'intérieur, du côté du trognon, et garnissez l'intérieur et l'entre-deux des feuilles d'une farce faite avec hachis de viande, avec lard, chair à saucisses ; le tout assaisonné. Ficelez et faites cuire à petit feu, dans une casserole ; ajoutez thym, laurier, avec oignons, carottes, lard, cervelas. Mouillez et servez.

Choux au lard.

Prenez vos choux bien lavés, bien nettoyés ; coupez-les par quartiers et faites-les blanchir quelques minutes avec du petit lard. Faites-les égoutter et mettez-les cuire avec le lard. Joignez poitrine de mouton, andouilles, saucisses ou toute autre viande. Mettez sel, poivre, ciboule, bouquet de persil, clous de girofle.

Quand tout est cuit, retirez les choux en laissant le moins de graisse possible dedans, et servez-les sur les morceaux de viande, le petit lard étant tout à fait dessus.

Chou en chicorée.

Faites cuire un chou dans l'eau avec du sel. Quand il est presque cuit, retirez-le, hachez-le et faites-le sauter à la casserole avec poivre et beurre frais.

Chou rouge piqué.

Faites blanchir un chou rouge ; creusez et enlevez le trognon. Piquez le chou de gros lard, enveloppez-le dans une toilette de porc ; mettez-le dans une casserole, le trognon en dessus ; remplissez la place du trognon de jus, de chair à saucisses, avec un peu de beurre. Faites cuire doucement, dégraissez et servez.

Choucroute.

Quand vous voulez manger de la choucroute, vous la lavez d'abord à plusieurs eaux, puis vous la mettez dans une casserole avec un bon morceau de beurre ou de la graisse, ou un morceau de lard de poitrine, avec saucisses, cervelas et vin blanc. Laissez cuire doucement cinq ou six heures, et servez avec les viandes.

Choux-fleurs à la sauce blanche.

Nettoyez-bien vos choux-fleurs, épluchez-les et lavez-les. Mettez cuire dans l'eau avec un peu de sel. Quand ils sont cuits, retirez-les, faites-les égoutter, et versez dessus une sauce blanche. Il faut faire en sorte qu'ils ne perdent pas leur forme et ne tombent pas en miettes. Ils doivent, autant que possible, conserver leur bonne mine.

Choux-fleurs à la sauce blonde.

Préparés comme ci-dessus, on peut les servir avec une sauce blonde au lieu d'une sauce blanche.

Choux-fleurs en salade.

Les choux-fleurs étant encore préparés et cuits comme à la sauce blanche, on les sert à l'huile et au vinaigre avec sel et poivre.

Choux-fleurs au beurre.

Les choux-fleurs étant cuits et égouttés, on les fait sauter dans la casserole avec un morceau de beurre, poivre, sel, épices.

Choux-fleurs à la crème.

Faites cuire vos choux comme il a été dit précédemment, retirez-les, mettez-les dans un plat, et versez dessus de la crème saupoudrée de sel, poivre et chapelure. Placez votre plat sur un feu doux, feu dessus, feu dessous, laissez cuire un quart d'heure et servez.

Choux-fleurs au gratin.

Quand il vous reste des choux-fleurs, servis la veille, mettez-les dans un plat qui aille au feu, arrangez-les, unissez-les, couvrez-les ensuite de mie de pain, et enfoncez en plusieurs endroits de petits morceaux de beurre. Placez votre plat sous le four de campagne, faites prendre couleur et servez.

ARTICHAUTS

Artichauts cuits à la sauce blanche, à la sauce blonde, à l'huile et au vinaigre.

Afin que vos artichauts aient meilleure mine, coupez la queue, les petites feuilles de dessous qui tiennent après, et rognez un peu celles qui pointent et s'allongent au-dessus. Mettez-les cuire dans l'eau bouillante avec sel, poivre, bouquet garni. Retirez-les quand les feuilles se détachent ; mettez-les égoutter le derrière en l'air ; ôtez le foin et servez-les, soit avec une sauce blanche, soit avec une sauce blonde, soit à l'huile et au vinaigre.

Artichauts farcis.

Préparez vos artichauts en enlevant le trognon, les petites feuilles de dessous, et rognant celles de dessus. Quand ils sont ainsi appropriés, vous les faites bouillir dix minutes dans l'eau. Vous en ôtez le foin, vous mettez à la place, ciboule, persil, champignons hachés et une farce de viande. Vous les mettez dans une casserole ou tourtière avec feu dessus et feu dessous. Vous laissez cuire à petit feu, et vous servez avec un peu d'huile, fines herbes et jus de citron.

Artichauts à la barigoule.

Préparez vos artichauts comme ci-dessus, faites-les bouillir dix minutes dans l'eau et ôtez le foin. A la place du foin, mettez une farce faite avec oignons, persil, champignons, restes de volaille, lard râpé, que vous avez haché et fait sauter dans du beurre. Mettez vos artichauts avec du beurre sur un feu très-doux. Quand ils sont cuits, retirez-les d'avec le beurre, et servez-les seuls ou avec sauce faite selon votre goût. A la place de beurre, on peut mettre dans la casserole des bardes de lard.

Comme nous l'avons dit, les artichauts bouillis se mangent aussi à l'huile et au vinaigre ; les petits artichauts crus se mangent de la même manière.

Si vous voulez faire une sauce un peu relevée, faites durcir deux ou trois œufs, prenez les jaunes, pilez-les et délayez-les dans une saucière avec vinaigre, poivre, sel, échalote et fourniture hachée. Ajoutez huile ; délayez de nouveau et servez.

Artichauts au gras.

Coupez vos artichauts en deux, enlevez le foin et faites blanchir dans de l'eau avec du sel. Prenez des tranches de lard et deux ou trois tranches de veau, mettez-les dans une casserole avec petits oignons, un clou de girofle, une carotte, un peu de thym. Placez vos artichauts sur les tranches de lard et le veau, et faites cuire sur un feu doux. Lorsque le veau commence à cuire et prend couleur, mouillez avec jus ou bouillon ; laissez mijoter, servez vos artichauts en couronne et versez veau, lard et sauce liée de fécule au milieu.

Artichauts à la provençale.

Nettoyez vos artichauts et faites-les bouillir quelques instants dans l'eau, ôtez le foin, placez-les dans une tourtière avec gousses d'ail, poivre, sel, huile ; laissez cuire sur la cendre chaude avec feu dessus et feu dessous. Lorsque vos artichauts sont cuits, retirez vos gousses d'ail, et servez.

Radis.

Avant de les servir, on les nettoie, on les épluche ; on coupe les petites racines, on laisse une ou deux petites feuilles vertes seulement, et on les sert dans des coquilles ou bateaux.

ASPERGES

Asperges à la sauce blanche ou à l'huile et au vinaigre.

Prenez vos asperges, ratissez-les, lavez-les et coupez le gros bout, de manière qu'elles soient à peu près de même longueur. Liez-les par petits bottillons et mettez-les cuire dans l'eau bouillante avec du sel; déliez les bottillons, et servez-les avec sauce blanche ou à l'huile et au vinaigre.

Asperges aux petits pois.

Prenez des asperges petites, vertes, et cassez en petits morceaux le bout vert qui se mange. Faites-les bouillir un instant dans l'eau; égouttez-les, et assaisonnez-les comme les petits pois.

OSEILLE

Purée d'oseille ou farce d'oseille.

Otez les queues des feuilles de votre oseille, épluchez-la et lavez-la avec soin. Épluchez et lavez également laitue, belle-dame, cerfeuil. Faites tout blanchir à l'eau bouillante ; retirez, passez à l'eau froide et hachez. Mettez dans une casserole un bon morceau de beurre, ajoutez votre farce avec cuillerée de farine, poivre et sel ; mouillez avec du lait. Liez de jaunes d'œufs et servez en mettant dessus des œufs durs coupés.

Si vous voulez servir votre farce d'oseille avec côtelettes ou fricandeau, vous la faites au gras, en employant du jus avec le beurre, en mouillant de bouillon et en prenant le jus de la viande avec laquelle vous devez la servir.

Épinards.

Nettoyez vos épinards, épluchez-les comme l'oseille, et faites-les blanchir avec un peu de laitue ; passez-les dans l'eau fraîche, égouttez-les, hachez-les et faites-les bouillir dans une casserole avec un bon morceau de beurre frais ; ajoutez sel, muscade râpée, sucre et pincée de farine ; mouillez avec de la crème ou du lait, et quand ils sont cuits, servez-les avec croûtons frits autour.

Cardons au maigre.

Lavez et épluchez vos cardons, coupez par morceaux et faites-les cuire à l'eau bouillante avec sel et une cuillerée de farine. Remuez de temps en temps, ne laissez pas noircir. Lorsque vos cardons sont cuits, faites-les égoutter et versez dessus une sauce blanche.

Cardons au jus.

Vos cardons étant lavés et cuits comme les précédents, faites roussir dans une casserole de la graisse et une cuillerée de farine ; mettez bouillon, poivre, sel, bouquet de persil ; laissez bouillir, mettez vos cardons avec jus, laissez bouillir encore, jusqu'à ce que la sauce soit réduite, et versez.

Céleri.

On ne mange que les feuilles blanches et les cœurs. On les nettoie, on les lave et on les assaisonne comme les cardons.

Céleri à la rémolade.

Nettoyez votre céleri, ne laissez que le blanc qui n'a point de filaments et les petites feuilles tendres, dressez-le sur un plat ou dans un saladier, et servez-le avec une rémolade.

Oignons.

Les oignons entrent dans la plupart des ragoûts, et ils se servent rarement seuls ; cependant on les mange ou à la crème ou à l'étuvée. A la crème, en les faisant bouillir avec du sel et en les mettant égoutter dans une casserole avec beurre, un peu de farine, sel et poivre, de la crème qu'on verse en tournant. A l'étuvée, en faisant un roux avec beurre et farine, en mouillant de vin rouge et bouillon, et en y mettant les oignons cuits d'abord dans l'eau avec bouquet de persil, ciboules, clous de girofle, thym, laurier, et en servant avec croûtons.

Concombres à la poulette.

Pour servir vos concombres, préparez-les d'abord ainsi : ôtez la peau, les pepins du dedans, et coupez-les en long par morceaux. Mettez-les dans l'eau bouillante avec sel et vinaigre ; lorsqu'ils sont cuits, égouttez-les soigneusement et accommodez-les à la poulette en les faisant sauter à la casserole dans du beurre manié de farine, en mouillant de crème ou de bouillon, en liant la sauce avec jaunes d'œufs, et ajoutant filet de vinaigre.

Concombres farcis.

Otez la peau, coupez un bout, et par ce bout, creusez l'intérieur, afin d'en enlever les pepins. Dans cet intérieur creux, introduisez une farce de viandes ; rebouchez le trou avec le bout enlevé, en le faisant tenir avec des brochettes de bois comme avec des pointes. Mettez-le dans une casserole avec du beurre, un bouquet garni, du bouillon. Faites cuire doucement pendant une bonne heure. Retirez, faites réduire la cuisson et servez.

Concombres en salade.

On les pèle, on les vide, on les coupe par tranches minces. On les mange après les avoir fait mariner dans des assaisonnements de salade, avec vinaigre, huile, sel et poivre.

Chicorée.

On lave la chicorée dans plusieurs eaux. Quand elle est bien nettoyée, on la met cuire une demi-heure dans l'eau bouillante ; on la retire, on l'égoutte fortement, et on la fait sauter dans une casserole avec beurre, pincée de farine, sel, poivre, muscade, lait et liaison de jaunes d'œufs. En maigre : avec beurre, sel, poivre, muscade. En gras : avec jus et bouillon.

Laitue et romaine.

Les laitues, les romaines et la chicorée peuvent se préparer comme les épinards et l'oseille, et s'accommoder comme il vient d'être dit.

Les laitues en salade se mangent assaisonnées soit simplement avec sel, poivre, huile, vinaigre, soit avec le même assaisonnement, auquel on ajoute de la crème ; soit encore avec jaunes d'œufs pilés, mêlés dans le même assaisonnement.

Laitue en maigre, et laitue au jus.

Vos laitues étant choisies fermes et pommées, vous ôtez les mauvaises feuilles, les lavez, les faites blanchir et les égouttez sur un torchon blanc. Vous faites ensuite une petite incision dans le cœur de ces laitues avec un couteau, et introduisez sel, poivre et muscade. Vous mettez dans une casserole oignons, carottes, bouquet garni ; vous mettez par-dessus vos laitues, et versez de l'eau avec beurre, sel, clou de girofle ; vous couvrez d'un papier beurré et faites cuire doucement, feu dessus, feu dessous.

Quand vous voulez servir, égouttez vos laitues, dressez-les en couronne et versez dessus une sauce réduite et faites avec un petit roux blanc mouillé de la cuisson, mêlé de crème, et lié de jaunes d'œufs.

Pour assaisonner des laitues au jus, lorsqu'elles sont préparées comme nous venons de le dire, on les met dans une casserole avec pincée de farine, graisse et jus ; on laisse bouillir un quart d'heure, on mouille de bouillon et l'on sert.

POTIRONS, CITROUILLES

Potage de potiron.

Prenez une grosse tranche de potiron ; enlevez la pelure, coupez par morceaux, jetez-les dans l'eau bouillante et faites cuire de manière qu'ils se mettent en purée.

Quand ils sont ainsi préparés, mettez dans une casserole un bon morceau de beurre, ajoutez votre purée avec sel, poivre, lait ou crème, pincée de farine. Laissez un peu mijoter. Faites une liaison de jaunes d'œufs ; servez.

NAVETS

Navets à la poulette.

Épluchez et pelurez vos navets ; faites-les blanchir dans l'eau bouillante. Mettez dans une casserole un morceau de beurre avec pincée de farine. Faites un roux blanc ; mouillez avec du bouillon

et mettez cuire dedans vos navets. Ajoutez sucre
en poudre ; liez de jaunes d'œufs avec un petit
morceau de beurre frais, et servez.

Navets au sucre.

Vos navets étant épluchés, faites-les sauter dans
du beurre jusqu'à ce qu'ils aient une belle couleur. Jetez légèrement sucre en poudre ; mouillez
de bouillon, salez, achevez de cuire à petit feu, et
servez.

CAROTTES

Ragoûts de carottes.

Nettoyez vos carottes, ratissez-les et faites-les
blanchir à l'eau bouillante. Coupez-les en longs
petits filets et faites-les sauter dans une casserole avec morceau de beurre, poivre, sel, persil
haché ; mouillez avec du lait. Quand les carottes
sont cuites, et avant de servir, liez de jaunes
d'œufs.

Si vous voulez faire un ragoût de carottes au
gras, vous les mettrez dans la casserole avec petits
morceaux de lard, sel, poivre, ciboule, persil ;
vous mouillez avec jus et bouillon, et, après avoir
laissé cuire doucement, vous servez.

Carottes à la poulette.

Nettoyez vos carottes, coupez-les et faites-les blanchir à l'eau bouillante avec un peu de sel. Égouttez-les, mettez dans une casserole un morceau de beurre avec pincée de farine; mouillez avec bouillon. Ajoutez vos carottes, assaisonnez, et, avant de servir, saupoudrez de sucre et faites liaison de jaunes d'œufs.

Salsifis.

Ratissez l'écorce, et à mesure que vous les nettoierez, jetez-les dans un plat rempli d'eau mêlée d'un peu de vinaigre. Retirez-les et mettez-les dans l'eau bouillante, avec sel, poivre, beurre, vinaigre. Retirez-les quand ils sont cuits et servez-les, soit avec une sauce blanche, soit avec une sauce blonde, soit en les faisant revenir avec bouillon, graisse, jus.

Quand on veut les manger frits, on les fait bouillir avec un peu de sel et une cuillerée de farine. Quand ils sont cuits, on les égoutte et on les fait mariner avec poivre, sel, vinaigre; puis on les trempe dans une bonne pâte et on les fait frire.

Betteraves.

On fait cuire les betteraves soit au four, soit à l'eau, et on les mange en salade ou en fricassée. On les assaisonne en salade avec huile, vinaigre, sel et poivre. Pour les manger en fricassée, quand elles sont cuites au four, on les coupe en tranches, on les met dans une casserole avec beurre, ciboule, persil hachés, une pincée de farine, un peu d'ail, sel, poivre, vinaigre, et on les laisse sur le feu vingt minutes.

POMMES DE TERRE

Quand vous voulez faire cuire vos pommes de terre, autant que possible ne les mettez pas cuire dans l'eau ; faites-les cuire à la vapeur. Si vous n'avez pas une marmite à double fond, ou si vous n'avez pas un fond troué qui puisse s'y adapter, mettez de petits morceaux de bois s'arrêtant au-dessus de l'eau ; mettez sur ces petits morceaux de bois vos pommes de terre ; couvrez bien, et quand l'eau sera en ébullition, elles cuiront parfaitement à la vapeur.

Pommes de terre à la maître-d'hôtel.

Vos pommes de terre étant cuites et pelées comme nous venons de l'expliquer, si elles ne sont pas petites, coupez-les en morceaux, et faites-les sauter dans une casserole avec beurre frais, sel, poivre, ciboule, persil hachés et filet de vinaigre.

Pommes de terre sauce blanche ou sauce blonde.

Vos pommes de terre étant cuites dans l'eau, coupez-les en morceaux, dressez-les sur le plat et versez dessus une sauce blanche ou blonde.

Pommes de terre à la crème.

Vos pommes de terre étant cuites, pelées et coupées par tranches, vous mettez un morceau de beurre frais dans une casserole avec pincée de farine, poivre, sel, ciboule, persil, hachés, un peu de muscade râpée; vous ajoutez un verre de crème, et quand la sauce commence à bouillir, vous jetez vos pommes de terre dedans; vous laissez cuire quelques minutes, et servez.

Pommes de terre au lard.

Coupez votre lard en petits morceaux; mettez-

le dans une casserole avec morceau de beurre.
Faites-le roussir. Quand il est aux trois quarts cuit,
jetez une pincée de farine et faites un roux ;
ajoutez sel, poivre bouquet de persil, thym, laurier. Mouillez de bouillon ou d'eau ; faites bouillir
un instant, puis mettez vos pommes de terre lavées, épluchées et coupées en morceaux. Dégraissez et servez.

Pommes de terre frites dans le beurre.

Coupez vos pommes de terre par tranches, mettez du beurre dans un plat, faites-le roussir ; jetez
dedans vos pommes de terre. Ajoutez sel, poivre,
persil haché. Couvrez bien votre plat et remuez de
temps en temps, afin que toutes vos pommes de
terre cuisent et prennent une belle couleur.

Pour les faire cuire dans la friture, il faut les
couper également par tranches, les jeter dans une
friture bien chaude, les retirer quand elles sont
d'une belle couleur et les servir en les saupoudrant
de sel fin.

Pommes de terre sautées au beurre.

Si vos pommes de terre pelurées et nettoyées sont
rondes et petites, laissez-les entières ; si elles sont
grosses, coupez-les. Mettez un morceau de beurre

dans une casserole ; quand il est fondu, jetez vos pommes de terre, sautez-les continuellement. Quand elles sont blondes, saupoudrez de sel fin ; ajoutez, si vous voulez, persil haché, poivre, et servez chaud.

Pommes de terre en purée.

Faites cuire avec le moins d'eau possible des pommes de terre bien jaunes. Quand elles sont cuites, pelez-les et écrasez-les. Mettez-les dans une casserole avec un bon morceau de beurre, sel, poivre ou sucre. Faites sauter, remuez. Versez du lait doucement en délayant. Laissez bouillir un peu et servez.

Pommes de terre en salade.

Quand vos pommes de terre sont cuites et pelées, coupez-les et assaisonnez-les d'huile, de vinaigre, sel, poivre, fines herbes. Ajoutez cornichons, anchois et câpres si vous voulez.

Boulettes de pommes de terre.

Prenez des pommes de terre jaunes et farineuses ; faites-les cuire ; écrasez-les ou pilez-les dans un plat. Ajoutez jaunes d'œufs, crème, beurre, poivre, sel, fines herbes et persil hachés. Mêlez le tout en pâte. Faites de petites boulettes que vous roulerez dans la farine et que vous jetterez dans la friture, ou prenez un peu de pâte dans une cuillère à bouche, et laissez-en tomber une grosse goutte dans la friture.

Autres boulettes de pommes de terre.

Pilez vos pommes de terre comme les précédentes avec un bon morceau de beurre, crème cuite, sucre en poudre, sel, œufs; ne mêlez pas tout à la fois, mais successivement, en vous mettant chaque fois de nouveau à piler. Placez votre pâte un peu ferme sur une table saupoudrée de farine. Formez vos boulettes; roulez-les dans la farine. Mettez dans une casserole un bon morceau de beurre, et quand il est bien chaud, placez vos boulettes. Retournez-les afin qu'elles prennent couleur de tous côtés, et servez chaud.

Topinambours.

Les topinambours se font cuire et s'accommodent comme les pommes de terre, soit à la maître-d'hôtel, soit à la sauce blanche, soit autrement.

TRUFFES.

Les truffes s'emploient dans une foule de ragoûts et avec une infinité de rôtis; elles donnent à la viande un goût délicieux.

Truffes au naturel.

Lavez et brossez vos truffes, nettoyez-les bien. Enveloppez-les d'une barde de lard et mettez-les dans plusieurs morceaux de papier sous la cendre rouge. Laissez cuire pendant une heure, débarrassez-les de leur papier, et servez.

Truffes au vin.

Mettez vos truffes bien lavées, bien brossées, avec des bardes de lard ou du lard haché, dans une casserole. Ajoutez bouquet garni, sel, laurier et bouteille de bon vin blanc ou de Champagne. Laissez bouillir trois quarts d'heure, et servez.

CHAMPIGNONS.

Les champignons les meilleurs et cultivés sur couche, pouvant devenir mauvais, ont besoin d'être employés avec certaines précautions; à plus forte raison doit-on se défier de ceux qui viennent dans les bois, dans les champs, et qui, cueillis sans discernement et sans connaissance, empoisonnent des familles entières, hommes, femmes, vieillards, enfants.

Les champignons récoltés sur couche, qui offrent le plus de sécurité, ne doivent être employés ni trop vieux ni trop jeunes. En un mot, il ne faut manger que ceux que l'on connaît parfaitement.

Champignons en caisse.

Prenez des champignons que vous jugez excellents, épluchez-les et coupez-les en morceaux; faites une caisse de papier beurré; mettez-les dedans avec un morceau de beurre, ciboule, persil, échalote hachés, sel, poivre; faites cuire sur le gril tout doucement, et servez dans la caisse de papier.

Champignons sur le gril.

Vous prenez des champignons un peu gros, vous les épluchez et leur ôtez la tige. Vous les mettez sur le gril de manière que le creux soit en dessus; vous remplissez ce creux de beurre, poivre, sel, fines herbes, et quand ils sont cuits, vous les servez.

Croûte aux champignons.

Prenez vos champignons, nettoyez-les, et passez-les sur le feu dans une casserole avec un morceau de beurre, ciboule et persil. Jettez pincée de farine, mouillez avec bouillon et salez. Ajoutez, quand ils sont à peu près cuits, crème et liaison de jaunes d'œufs; servez vos champignons sur une croûte de pain que vous avez fait rôtir dans le beurre.

Mousserons, morilles.

Les mousserons et les morilles, après avoir été nettoyés, lavés dans l'eau tiède, blanchis à l'eau bouillante et égouttés, s'accommodent comme les champignons.

ŒUFS

Il faut choisir les plus clairs, ceux qui paraissent les plus frais, et les casser avec précaution, de peur qu'en jetant tout d'un coup un œuf gâté au milieu de plusieurs autres bons, tous ne se trouvent ainsi corrompus et hors d'état d'être mangés.

Œufs à la coque.

Mettez vos œufs dans l'eau bouillante pendant trois minutes, retirez-les, et servez-les dans une serviette.

Œufs sur le plat au miroir.

Mettez du beurre dans un plat, laissez-le fondre, et cassez vos œufs dedans avec poivre, sel, persil haché. Laissez cuire un peu, et servez.

Œufs mollets.

Mettez vos œufs dans l'eau bouillante, laissez-les cinq minutes, retirez-les, et mettez-les dans l'eau fraîche. Otez les coquilles, et servez-les, soit avec une sauce blanche, soit avec une sauce aux câpres, etc.

Œufs brouillés.

Cassez vos œufs et battez-les bien, avec sel, poivre ; mettez un morceau de beurre dans une casserole et faites cuire en remuant ; dressez-les sur le plat quand ils sont pris.

Œufs pochés.

Prenez des œufs frais ; ayez une casserole sur le feu à moitié pleine d'eau bouillante avec sel et vinaigre ; cassez vos œufs un à un avec précaution et laissez-les tomber doucement dans l'eau. Quand ils sont pochés, retirez-les l'un après l'autre ; égouttez, parez-les, et servez au jus ou avec sauce relevée.

Œufs aux fines herbes.

Hachez persil, échalotes, ciboule ; mettez-les

dans une casserole avec poivre, sel, vin blanc,
beurre manié de farine; faites bouillir un peu et
versez sur vos œufs; coupez et dressez.

Œufs durs aux fines herbes.

Faites fondre du beurre dans un plat. Quand il
est fondu, mettez vos œufs durs et coupés dans ce
beurre; faites bien rissoler; ajoutez sel, poivre,
persil, et servez.

Œufs en matelote.

Mettez dans une casserole un litre de bon vin
rouge, ajoutez oignons, gousse d'ail, poivre, sel,
épices, bouquet garni; quand cet assaisonnement
a un peu bouilli, retirez-le avec l'écumoire, puis,
pochez dedans les œufs en les cassant et en les laissant tomber, comme nous l'avons déjà dit, doucement l'un après l'autre. Retirez-les quand ils sont
pochés, égouttez-les, dressez-les sur des croûtes de
pain. Laissez bouillir encore seul le vin, jetez dedans un bon morceau de beurre manié de farine ;
laissez fondre et versez sur vos œufs.

Œufs à la tripe.

Coupez des oignons, tranches minces et petites,
faites-les roussir dans du beurre; ajoutez cuillerée

de farine. Mettez vos œufs durs également coupés. Mettez poivre, sel, filet de vinaigre, ou crème et sucre si vous le préférez.

Œufs au beurre noir.

Faites fondre du beurre dans une poêle ; quand il est bien chaud et ne crie plus, laissez glisser dedans les œufs que vous avez eu soin de casser, et d'assaisonner de poivre et de sel. Quand ils sont cuits, versez-les sur un plat et répandez dessus une cuillerée de vinaigre chauffé dans la poêle.

Œufs à la neige.

Mettez dans une casserole une demi-pinte de lait ou de crème avec fleur d'oranger et sucre, faites fondre, mettez bouillir sur le feu. Prenez six ou huit œufs, séparez les blancs des jaunes ; battez les blancs ; saupoudrez de vanille ou de fleur d'oranger et de sucre, et mettez-les dans votre lait quand il est bouillant. Retournez-les afin qu'ils cuisent bien de tous côtés. Retirez-les, versez-les dans un plat. Délayez vos jaunes d'œufs sur le feu avec une cuillerée de lait. Versez-les sur la neige, et servez froid.

Œufs au lait.

Délayez vos œufs dans votre lait avec sucre et

un peu de sel. Mettez-les cuire dans un plat creux, au bain-marie. Quand ils sont cuits, saupoudrez de sucre et passez dessus la pelle rougie au feu.

Ou bien, faites bouillir d'abord votre lait avec sucre, vanille ou écorce de citron, un peu de sel. Lorsqu'il bout, mêlez vos œufs battus, remuez le tout, et faites cuire au bain-marie. Mettez feu dessus. Quand vos œufs sont cuits et pris, saupoudrez de sucre, et passez la pelle dessus.

Ou bien faites bouillir votre lait. Pendant le temps qu'il met à bouillir, battez bien vos œufs avec sucre et un peu de sel. Quand le lait bout, versez-les en remuant. Mettez ensuite le tout dans un plat creux placé sur la cendre chaude avec couvercle chargé de feu. Laissez prendre, saupoudrez de sucre, passez la pelle rougie et servez.

OMELETTES

Omelette au naturel.

Prenez vos œufs, cassez et battez-les. Faites fondre un morceau de beurre dans une poêle ; versez dedans vos œufs, salez, poivrez. Faites cuire l'omelette et versez-la sur un plat en la

pliant en deux, de manière qu'elle paraisse jaune
et d'une belle couleur.

Omelette aux fines herbes.

Cassez vos œufs dans un plat et battez-les avec
poivre, sel, persil, ciboule hachés. Faites fondre
du beurre dans une poêle comme pour l'omelette
au naturel ; versez vos œufs dedans, et servez-la
de belle couleur.

Omelette au fromage.

Prenez un morceau de fromage de Gruyère,
râpez et battez-le avec vos œufs. Assaisonnez de
poivre, de sel, et faites votre omelette comme il
vient d'être dit ci-dessus.

Omelette au lard.

Coupez du lard en petits morceaux et faites-le
cuire dans votre poêle avec beurre. Quand le
lard est cuit, vous versez vos œufs bien battus
avec poivre, sans sel, et vous faites cuire votre
omelette.

Omelette au sucre.

Battez vos œufs, ajoutez sucre en poudre, zeste
de citron, peu de sel. Faites cuire dans la poêle,

sucrez encore : ployez l'omelette, et, après l'avoir saupoudrée de nouveau de sucre, passez la pelle rouge dessus.

Omelette au rhum.

L'omelette étant faite au sucre, comme nous venons de l'indiquer, on l'arrose abondamment de rhum auquel on met le feu.

Omelette soufflée.

Cassez vos œufs et séparez vos jaunes des blancs. Battez vos jaunes avec sucre râpé, zeste de citron ou fleur d'oranger. Fouettez les blancs et mêlez ensuite les blancs et les jaunes. Mettez un morceau de beurre dans un plat, sur un bon feu. Quand le beurre est fondu, versez vos œufs, couvrez-les du four de campagne bien chaud ; laissez cuire quelques minutes ; saupoudrez lestement de sucre, et servez au galop.

Omelette aux confitures.

Faites votre omelette au naturel comme à l'ordinaire. Quand elle est cuite, garnissez-la de confitures ; pliez-la en chausson. Saupoudrez de sucre et passez la pelle rouge dessus.

Omelettes diverses.

Les omelettes se font encore avec d'autres sortes de légumes et de viande ; comme oignons,
truffes, pointes d'asperges, riz de veau.

On les fait alors selon son idée et son goût, n'ou-
bliant jamais que les omelettes ne restant que peu
de temps sur le feu, il faut dans la plupart des cas
que les légumes ou viandes qui les accompagnent
soient cuits d'avance.

Macaroni.

Faites cuire votre macaroni dans de l'eau ou
dans du bouillon. Quand il est cuit, retirez-le et
faites-le égoutter. Mettez-le dans un plat creux
avec beurre, fromage râpé, gruyère et parmesan,
poivre et un peu de sel ; saupoudrez de fromage râpé. Couvrez avec le four de campagne bien chaud,
pendant vingt minutes ; laissez dorer, et servez.

ENTREMETS SUCRÉS

Charlotte de pommes.

Pelez vos pommes de reinette, ôtez les pepins
et les cœurs, coupez-les par quartiers. Mettez-les

dans une casserole, avec beurre, sucre, un peu de cannelle, et faites-les cuire en purée. Taillez des mies de pain en pointe, en cœur, et avec ces mies de pain minces, trempées dans le beurre, garnissez le fond de votre moule de manière qu'il n'y ait pas de jour, la pointe allant vers le centre ; garnissez aussi le tour du moule. Remplissez alors avec votre marmelade de pommes ; recouvrez de croûtons et faites cuire feu dessus, feu dessous. Après vingt-cinq minutes, renversez sur un plat, et servez chaud.

Charlotte russe.

La charlotte russe se fait comme la charlotte précédente, avec cette différence, qu'au lieu de croûtons de mie de pain, on se sert de biscuits, et qu'avec ces biscuits on fait dans le moule des compartiments qu'on remplit de diverses sortes de confitures.

Pommes au beurre.

Prenez des pommes de reinette bien fermes, pelez-les et enlevez le cœur en creusant dans l'intérieur. Coupez des tranches de mie de pain rondes et de la largeur de vos pommes. Mettez vos pommes dessus, dans une tourtière que vous avez beurrée. Mettez du sucre et du beurre frais dans le trou que vous avez fait à chaque pomme. Placez votre tourtière sur un feu doux. Mettez le four de campagne par-dessus. Remettez du sucre et du beurre, et servez chaud les pommes sur leur pain.

Beignets de pommes.

Prenez de bonnes pommes de reinette; coupez-les par tranches, pelez-les, ôtez les cœurs et les pepins, et faites-les mariner quelques heures dans de l'eau-de-vie, du sucre et zeste de citron. Retirez-les, trempez-les dans une pâte composée avec farine, eau, jaunes d'œufs et un peu d'eau-de-vie. Faites frire d'une belle couleur, et saupoudrez de sucre.

Beignets de pêches et d'abricots.

Les beignets de pêches et d'abricots se font comme les beignets de pommes. Il faut couper les pêches ou les abricots en deux, et les employer sans être trop mûrs.

Pets de nonc.

Prenez une casserole et mettez dedans de l'eau ou de la crème avec sucre, beurre, fleur d'oranger et un peu de sel. Quand l'eau commence à bouillir ou la crème à monter, d'une main saupoudrez de

farine, de l'autre tournez et allez ainsi jusqu'à ce
que la pâte devienne très-épaisse et soit très-cuite.
Enlevez-la alors de dessus le feu et cassez dedans
un œuf, en tournant et délayant ; cassez-en un second, un troisième, et ainsi de suite, jusqu'à ce
que la pâte soit maniable, et toujours en tournant
et battant.

Votre friture étant bien chaude, prenez-en chaque fois, avec une petite cuillère, gros comme une
noisette, et laissez tomber dedans en toquant sur
le bord de la poêle. Cette pâte se gonflera, et vous
la retirerez quand elle sera de belle couleur ; vous
continuerez ainsi jusqu'à ce que vous ayez tout
employé.

Pain perdu.

Battez des œufs avec fleur d'oranger, sucre, sel ;
coupez des tranches de pain, mettez-les tremper
lestement dans du lait chaud, égouttez-les, passez-
les dans les œufs. Mettez dans une poêle fondre du
beurre ; faites cuire les unes après les autres, et
successivement, vos tranches de pain, en remettant abondamment du beurre. Au fur et à mesure
que vous les retirez, saupoudrez-les de sucre, et
servez chaud.

Crêpes.

Prenez de la farine, délayez-la avec eau et lait, œufs, eau-de-vie, sel; fleur d'oranger. Laissez votre pâte ainsi faite deux ou trois heures.

Mettez fondre dans la poêle, sur un feu vif, gros comme une noix de saindoux, ou de beurre, versez plein une cuillerée de pâte, étendez cette pâte en inclinant votre poêle en tous sens, de manière qu'elle en occupe tout le fond. Quand elle est cuite d'un côté, faites-la sauter adroitement pour qu'elle cuise de l'autre ; sucrez de nouveau et mangez chaud.

Gâteaux de riz.

Lavez bien votre riz, faites-le blanchir et crever dans du lait avec zeste de citron ou vanille, sucre et un peu de sel. Quand il est crevé et bien épais, vous le mêlez avec œufs bien battus, retirant la moitié des blancs ou les battant en neige. Si vous les joignez, beurrez bien votre moule. Mettez votre riz dedans, saupoudrez le dessus de chapelure et faites cuire sous un four de campagne ou tout simplement au four.

Croquettes de riz.

Lavez et faites crever votre riz. Quand il est préparé ainsi que nous venons de le dire, au lieu de le mettre dans un moule, faites-en des boulettes ; trempez ces boulettes dans des œufs sucrés et battus ; panez-les, retrempez-les, panez-les encore et faites-les frire.

CRÈMES.

On sert ordinairement les crèmes dans de petits pots. On les fait cependant quelquefois aussi dans un plat creux.

Crèmes à la fleur d'oranger.

Faites bouillir votre lait. Quand il a bouilli, mettez sucre et fleur d'oranger. Battez dans un plat vos œufs, ne mettez qu'une partie des blancs. Versez-les avec le lait ; versez dans un plat creux ou dans de petits pots, et faites cuire au bain-marie, avec feu dessus.

Crème à la vanille, au citron.

Faites bouillir votre lait comme ci-dessus. A la place de fleur d'oranger, mettez un morceau de vanille ou zeste de citron, et faites comme il vient d'être dit. On fait servir, si on veut, le morceau de vanille une seconde fois.

Crème au chocolat.

Cassez votre chocolat en petits morceaux, ou mieux, râpez-le ; faites-le fondre avec votre lait. Ajoutez sucre. Battez vos œufs à part, ne mettant que le blanc d'un ou de deux. Mêlez ensemble et faites cuire comme la crème à la fleur d'oranger.

Crème au café.

Faites bouillir comme à l'ordinaire votre lait. Ajoutez bon café très-fort et sucre. Cassez et battez vos œufs ; ne mettez qu'un ou deux blancs mêlés avec le lait, et opérez toujours comme ci-dessus.

Crème au thé.

Faites bouillir la crème, versez-la sur votre thé ; laissez infuser avec sucre ; passez au tamis. Mêlez vos œufs et finissez comme précédemment.

Fromage à la crème.

Prenez de la crème très-épaisse, mettez-la dans une terrine, et fouettez-la avec des verges pour la faire mousser. Ajoutez sucre en poudre et fleur d'oranger.

PATISSERIES

Avant d'entrer en matière et d'indiquer aucune opération, nous allons donner quelques notions générales et dire quelques mots des moules et instruments servant à faire la pâtisserie.

Le four ne doit pas être d'une chaleur égale pour toutes les pâtisseries. Tantôt il faut qu'il soit chaud comme pour le pain, tantôt modéré ou doux pour les biscuits et petits gâteaux. L'usage et le bon sens guideront. A défaut de four, on se sert de four de campagne.

Pour faire sa pâtisserie, on a une large planche ou une table unie ayant un rebord de trois côtés, avec un rouleau de bois, une pince, une roulette pour faire les dessins, des coupe-pâte ou emporte-pièce pour découper la pâte; des moules qui servent à faire les biscuits, les gâteaux, les pâtés.

Avant de mettre au four, on dore la pâtisserie avec la barbe d'une plume et jaune d'œuf.

Pour glacer les gâteaux, on les retire du four, cuits; on les saupoudre de sucre en poudre, mêlé de fécule, et on les remet dans le four prendre couleur.

La chose importante, quand on veut faire de

la pâtisserie, c'est d'avoir de bon beurre. Quand il
est mal fait, il faut le manier, le laver, faire sortir
le lait, bien le presser. Il faut aussi que la tempé-
rature ne soit ni trop chaude, ni trop froide.

Feuilletage.

C'est une des opérations difficiles de la pâtisserie. Les cuisinières, même habiles, ne sont pas
toujours certaines de réussir. Il faut que la pâte
soit confectionnée dans un endroit qui ne soit ni
trop chaud ni trop froid ; avec du beurre qui ne
soit ni durci par le froid, ni presque fondu par la
chaleur. On doit donc avoir aussi égard à la tem-
pérature, et ne mettre la pâte au four que quand
elle est réellement faite.

Prenez votre farine, versez-la sur votre table en
un petit monceau, faites un creux au milieu et
mettez dans le creux, beurre, sel, jaunes d'œufs,
un verre d'eau. Pétrissez, mêlez, délayez. Quand
elle est ainsi bien pétrie, ni trop molle ni trop
dure, mettez-la en boule. Couvrez-là d'un linge et
laissez-la reposer vingt minutes.

Après ces vingt minutes, jetez une pincée de
farine sur votre planche ou table, et étendez dessus, avec un rouleau, votre pâte. Aplatissez également une demi-livre ou une livre de beurre, se-

lon la quantité de votre feuilletage, et mettez ce beurre, aplati, sur votre pâte. Repliez la pâte sur elle-même et renfermez ainsi votre beurre : le beurre et la pâte, ayant la même consistance, s'étendront ensemble et se mêleront en les maniant. Aplatissez et étendez de nouveau cette pâte avec votre rouleau. Ployez-la en trois comme une serviette, donnez-lui le premier tour en passant dessus le rouleau pour l'aplatir ; recommencez cette opération cinq ou six fois, en saupoudrant de farine la table ou la pâte. Faites-le à un quart d'heure de distance, en laissant pendant ce temps reposer la pâte. Après le sixième tour, le feuilletage est terminé.

Quand, l'hiver, le beurre est trop dur, on le rend mou en le pétrissant d'avance dans un endroit où la chaleur est tempérée ; et on emploie la farine avec de l'eau un peu tiède. Quand, l'été, le beurre est presque fondant, on lui donne de la consistance en le mettant se raffermir dans un seau d'eau froide.

Petits pâtés chauds.

Votre pâte étant feuilletée et préparée comme nous venons de l'expliquer, aplatissez-la, abaissez-la très-mince, mince comme un gros sou, et avec un coupe-pâte, enlevez-en petits ronds et posez-les sur une plaque de fer. Mouillez la superficie de ces rondelles ; mettez sur chacune un petit morceau de godiveau, c'est-à-dire de viande hachée et assaisonnée comme pour pâté. Sur chacune de ces rondelles, posez une seconde rondelle et couvrez ainsi la viande avec un coupe-pâte plus petit que celui qui a servi à faire les rondelles ; appuyez sur chaque pâte, ainsi vous ferez un petit rebord et souderez. Dorez à l'œuf, faites cuire au four, et servez chaud.

Pâte brisée, galettes, gâteaux.

Les galettes et les gâteaux se font d'une pâte un peu moins légère que le feuilletage. On s'en éloigne ou on opère de la même manière, selon qu'on veut faire plus semblable, plus ou moins lourd.

Mettez votre farine en un monceau ; faites un creux au milieu ; mettez dans ce creux du beurre, sel, œufs, eau, pétrissez ; abaissez sous le rouleau et laissez reposer vingt minutes. Reprenez la pâte, brisez-la en trois ou quatre, ou pliez-la ; abaissez de nouveau, faites trois ou quatre fois cette opération. Étendez votre galette ou votre gâteau de la grandeur que vous voulez ; faites des dessins dessus, si cela vous est agréable, dorez et mettez au four.

Pâte ferme pour pâtés.

Mettez sur la table votre farine, faites un trou au milieu. Mettez sel, beurre, eau, un jaune d'œuf, et pétrissez. Ne mettez pas trop d'eau, pour ne pas avoir à remettre de la farine. Faites votre pâte ferme, liez-la bien, mettez-la en boule. Aplatissez avec les paumes des mains, rassemblez-la, foulez-la sur elle-même trois ou quatre fois seulement ; donnez-lui de l'élasticité et de la consistance sans la briser. Mettez-la encore en boule, enveloppez-la d'un linge humide, et laissez reposer une demi-heure.

Arranger la pâte sans moule, afin d'en faire un pâté, est long et difficile. Comme il faut couper un rond pour le fond, tailler, appliquer le tour, faire des dessins, et que tout cela demande du temps et de grands soins, il vaut mieux employer un moule. Alors on le pose sur un papier beurré ou sur une plaque de tôle ; on met en dedans et dessus ce papier beurré, l'abaisse, épaisse d'un doigt, et qui sert à former le fond, ou bien l'on place tout de suite le pâté dans le moule et on lui en fait prendre la forme, en le jaunissant de tous les côtés à la fois et en l'enfonçant dans les cannelures. On y place ensuite les viandes et on met le couvercle, auquel on fait un trou rond qui sert de cheminée pour l'évaporation.

On retire le moule après la cuisson.

Garniture de pâtés froids.

Prenez des morceaux de viande, de gibier ou de volaille, bien frais, bien tendres. Désossez, enlevez les peaux, les nerfs, la graisse; piquez-les de lardons. Assaisonnez de sel, de poivre, d'épices; un peu d'ail, de thym, de laurier. Faites revenir un peu avec beurre; laissez refroidir et dressez les viandes dans votre pâté avec bardes de lard dessus et dessous.

Pâté de lièvre et de lapin.

Dépouillez votre lièvre ou votre lapin; videz-le, enlevez les filets, les cuisses; enlevez les os sans déchirer les chairs, assaisonnez, piquez de lardons. Faites cuire à moitié, doucement, dans une casserole, avec beurre, feu dessus, feu dessous. Hachez le reste de votre lièvre avec le foie, du lard; ajoutez échalote, oignons, gousse d'ail, thym, laurier, persil, sel et poivre. Mêlez avec verre d'eau-de-vie et un peu de vin blanc. Mettez le tout dans votre pâte disposée comme ci-dessus.

Terrine de volailles, viandes, gibier.

Dans une terrine, on fait les pâtés sans croûte.
La manière est donc la même. Mais comme on ne
craint pas de faire brûler la pâte, il n'est pas nécessaire de faire cuire à moitié les viandes à la casserole avant de les mettre dedans. On garnit également de bardes de lard les côtés et le fond, et on
ferme le bord du couvercle en collant des bandes
de papier de manière qu'il n'y ait pas d'évaporation.

Gâteau aux amandes.

Prenez farine, beurre frais, sucre râpé, amandes
douces pelées et mondées; ajoutez fleur d'oranger,
pilez le tout dans un mortier et faites-en une pâte.
Beurrez le fond de votre moule ou de votre casserole; mettez au fond et autour un papier beurré,
et faites cuire doucement feu dessus, feu dessous.

Gaufres.

Mettez dans un plat votre farine, sel fin, cuillerée d'eau-de-vie, œufs, sucre en poudre; mouillez doucement et peu à peu avec de bon lait ou
crème délayée. Faites chauffer votre gaufrier ou
moule à oublies : graissez-le avec beurre ou cire

vierge, et versez dedans une bonne cuillerée de votre bouillie. Faites cuire des deux côtés.

Macarons.

Prenez des amandes et pilez-les dans un mortier, ajoutez sucre, râpure de citron et des blancs d'œufs; battez bien; prenez de cette pâte gros comme une petite noix, étendez en rond sur une feuille de papier; glacez et faites cuire à un feu doux.

COMPOTES.

On met en compote les poires, les pommes, les cerises, les prunes, les abricots et autres fruits. On fait la compote à peu près comme on fait les confitures, avec cette différence qu'on la fait moins cuire et qu'on la sucre moins, par la raison qu'on la mange immédiatement et qu'on ne la fait pas pour la conserver.

Compote de poires blanches.

Pelez vos poires, coupez-les par quartiers si elles sont trop grosses, enlevez le cœur, et mettez-les dans une casserole avec eau, sucre, tranche de citron. Quand elles sont cuites, quand le jus est réduit en sirop, servez-les dans le compotier.

Compote de poires rouges.

Prenez vos poires et faites-les cuire comme les précédentes avec eau, sucre, cannelle. A moitié cuites, mouillez d'un verre de vin rouge. Retirez-les quand elles sont tout à fait cuites. Faites réduire le sirop et versez dessus.

Compote de pommes.

Prenez des pommes de reinette bien saines ; ôtez la pelure, le cœur, les pepins, et coupez par quartiers. Mettez cuire avec eau, sucre, jus de citron. Mettez-les, quand elles sont cuites, dans votre compotier, et versez dessus le sirop qu'elles ont produit.

Si vous voulez ajouter du sirop à vos pommes ou à vos poires, afin qu'elles soient encore meilleures, faites ce sirop en mettant dans une casserole de l'eau avec du sucre, en laissant bouillir et en écumant. Le sirop est fait quand le tout est convenablement réduit.

Compote d'abricots.

Mettez dans une casserole eau et sucre, comme pour faire du sirop. Prenez vos abricots dont vous avez enlevé les noyaux et mettez-les cuire dans ce

sirop. Écumez, arrangez dans le compotier, et versez dessus le jus que vous avez fait réduire et qui
est un sirop.

Marmelade d'abricots.

Ayez des abricots bien mûrs, ôtez les noyaux.
coupez-les en deux et mettez-les sur le feu, dans la
bassine, avec livre de sucre pour livre de fruits.
Remuez pendant la cuisson. Cassez les noyaux,
mettez les amandes dans l'eau bouillante afin d'en
ôter la peau. Avant de retirer vos confitures du
feu, jetez ces amandes, coupées en filets ou en
deux, dans les confitures. Faites en sorte qu'il y en
ait dans chaque pot quand vous les versez. Quand
on met moins de sucre, il faut laisser cuire beaucoup plus longtemps.

Compote de prunes.

Faites cuire vos prunes avec eau et sucre; retirez-les quand elles sont cuites et fléchissent sous
le doigt; dressez-les dans le compotier, et versez
dessus le réduit.

Compote de coings.

Faites blanchir vos coings dans l'eau bouillante.
Quand ils sont à moitié cuits, retirez-les; coupez-

les par quartiers; ôtez la pelure, les cœurs, les pepins, et mettez-les dans une casserole avec un peu
d'eau et sucre. Écumez, et servez avec le jus en
sirop.

Compote de pêches.

La compote de pêches se fait comme la compote
d'abricots.

Quand on veut manger des tranches de pêches au sucre, on les pèle, on retire les noyaux,
et on arrange les tranches dans le compotier
en mettant du sucre en poudre dessus et dessous.

Salade d'oranges.

Prenez de belles oranges, coupez-les par tranches minces dans leur largeur; ôtez les pepins
sans détériorer les tranches. Mettez ces tranches
ou rondelles dans un compotier avec sucre dessus et sucre dessous. Versez dessus eau-de-vie ou
rhum, et servez.

Compote de cerises.

Coupez le bout des queues à vos cerises, et
mettez-les dans une casserole avec eau et sucre.
Faites-les cuire; ajoutez jus de framboises; dres-

sez-les dans votre compotier, et versez dessus le sirop.

Confitures.

Comme on se sert d'un vase de cuivre non étamé pour faire les confitures, il est essentiel de bien le récurer et de le tenir bien propre de peur du vert-de-gris.

Les confitures faites sur un feu soutenu, l'écume ayant été soigneusement enlevée, on les verse dans les pots, les remplissant bien. Il faut surtout les faire bien cuire, afin qu'elles se conservent et ne moisissent pas.

Gelée de groseilles.

Prenez des groseilles, les deux tiers de rouges, un tiers de blanches, et une quantité suffisante de framboises. Pilez, écrasez, passez, tordez dans un linge grossier, et tirez tout le jus. Mettez ce jus dans la bassine avec une livre de sucre par livre de jus. Placez sur le feu, écumez. Faites cuire, et versez dans les pots.

En mettant une livre de sucre par livre de jus, les confitures cuiront plus vite et se conserveront mieux.

Confitures de cerises.

Otez les queues et les noyaux de vos cerises suffisamment mûres, sans les déchirer ni leur ôter leur forme. Ayez du jus de groseilles et de framboises écrasées comme nous venons de le dire. Mettez le tout sur un bon feu dans une bassine. Faites bouillir, écumez et ajoutez presque une livre de sucre par livre de jus.

Après une heure, retirez du feu, et versez dans les pots.

Confitures de framboises.

Ayez des framboises et des groseilles blanches, écrasez-les; passez et tordez comme précédemment dans un linge. Mettez cuire dans une bassine avec livre de sucre par livre de jus. Écumez; laissez bouillir trois quarts d'heure, et versez.

Gelée de framboises.

La gelée de framboises se fait comme les confitures de framboises. Seulement on fait cuire les framboises seules sans groseilles, et elles cuisent en un peu moins de temps.

Confitures de prunes de mirabelle et de reine-claude.

Otez les noyaux des prunes en les séparant en deux. Mettez-en une quantité dans une bassine avec un peu d'eau. Passez-les sur le feu jusqu'à ce qu'elles soient attendries. Retirez-les, écrasez-les, faites sortir tout le jus. Mettez ce jus avec les autres prunes ; ajoutez le sucre. Écumez, et, après cuisson, mettez dans les pots.

Gelée de coings.

Pelez vos coings, ôtez les pepins, et coupez-les en morceaux. Faites-les cuire dans l'eau bouillante. Quand ils sont amollis, retirez-les et les posez sur un tamis placé sur une terrine ; laissez tomber le jus, et faites cuire le jus avec sucre.

Gelée de raisin.

Vous écrasez votre raisin avec les mains. Vous ôtez les râfles, vous exprimez tout le jus en pressant fortement dans un linge grossier, et vous faites cuire avec sucre, comme il est dit aux groseilles.

Raisiné de Bourgogne.

Prenez du raisin bien mûr, bien sain, égrenez-le et tirez-en tout le jus. Mettez ce jus dans une chaudière ; faites bouillir et réduire. Écumez, remuez. Mettez dedans des poires de messire-jean coupées en quartiers. Faites réduire encore, et mettez dans des pots secs et chauffés au four, si cela se peut.

FRUITS A L'EAU-DE-VIE.

Cerises à l'eau-de-vie.

Prenez de belles cerises, coupez-leur les deux tiers de la queue, et mettez-les dans un bocal avec un nouet contenant un morceau de cannelle et un morceau de coriandre ou clous de girofle. Remplissez-le d'eau-de-vie; ajoutez sucre. Après deux mois, les cerises sont faites, et on peut retirer le nouet.

Prunes et abricots à l'eau-de-vie.

Prenez de bonnes prunes de reine-claude avant qu'elles soient mûres; prenez-les fermes et vertes; jetez-les dans l'eau bouillante. Retirez-les. Faites chauffer du sucre clarifié, versez-le sur vos prunes. Faites-leur jeter ensemble un bouillon. Mettez en bocal avec eau-de-vie.

Les abricots, cueillis également pas trop mûrs,

s'apprêtent à peu près de la même manière.

On leur fait jeter un bouillon dans l'eau, puis dans le sucre, et on les met avec eau-de-vie dans le bocal.

Moyen de vieillir l'eau-de-vie.

Pour vieillir l'eau-de-vie, on coupe avec de l'eau, du trois-six ou esprit, de manière à la réduire à vingt-deux degrés; puis on y joint du sucre brûlé en caramel, et, si l'on veut, une infusion de thé.

SIROPS ET RATAFIAS.

Cassis.

Prenez du cassis bien mûr, égrenez-le, écrasez-le. Mettez-le dans une cruche ou bocal avec eau-de-vie; ajoutez clous de girofle et cannelle. Laissez reposer deux mois. Au bout de ce temps, retirez la liqueur et pressurez les grains de cassis pour en faire sortir le jus et n'y rien laisser. Faites fondre du sucre, filtrez le tout; mettez la liqueur en bouteilles, et laissez vieillir.

Muscat.

Prenez du raisin muscat bien mûr, écrasez les

grains, tirez le jus. Ajoutez sucre fondu, eau-de-vie et cannelle. Laissez infuser une douzaine de jours. Filtrez, et mettez en bouteilles.

Noyau.

Faites infuser, plusieurs semaines, amandes d'abricots coupées en morceaux avec eau-de-vie. Agitez de temps en temps la cruche. Faites fondre du sucre dans un peu d'eau; retirez vos amandes; mêlez le tout, pressez, filtrez, et mettez en bouteilles.

Anisette.

Mettez dans une cruche, avec eau-de-vie, anis vert, cannelle, coriandre et macis. Faites fondre du sucre dans très-peu d'eau; joignez-le. Laissez infuser pendant un mois, et filtrez.

Framboises.

Écrasez des framboises, prenez le jus et mêlez-le avec un peu de jus de cerises. Faites fondre autant de livres de sucre que vous avez de livres de jus. Ajoutez autant de litres d'eau-de-vie que vous aurez de livres de jus. Laissez reposer, et quand la liqueur est éclaircie, mettez-la en bouteilles.

Sirop de vinaigre framboisé.

Remplissez un bocal ou une cruche de fram-

boises sans les écraser. Ajoutez vinaigre jusqu'à
ce qu'elles baignent entièrement. Laissez infuser
pendant une semaine. Après ce temps, versez dans
un linge le vinaigre, les framboises, et exprimez-en
doucement le jus. Pour une livre de liqueur ainsi
claire et framboisée, prenez une livre et demie de
sucre; mettez ce sucre dans un vase, versez dessus
votre vinaigre, bouchez ce vase; placez-le au bain-
marie à une chaleur douce. Quand le sucre est
fondu, laissez-le refroidir sur le feu éteint, et mettez en bouteilles.

Grog.

Mettez une tranche de citron et sucre dans un
verre, ajoutez verre d'eau-de-vie et remplissez
avec de l'eau chaude.

Punch.

Versez de l'eau bouillante sur pincée de thé et
zeste de citron. L'infusion faite, mettez fondre du
sucre. Ajoutez eau-de-vie, rhum, et servez.

Le punch au vin se fait avec eau-de-vie et vin.

Thé.

Jetez dans votre théière une pincée de thé vert
et noir mêlés; versez dessus votre eau bouillante
et laissez infuser.

Café.

Mettez dans une cafetière autant de tasses d'eau que vous voulez faire de tasses de café. Quand l'eau est en ébullition, mettez votre café en poudre en remuant, ou bien versez l'eau sur le café. Laissez passer et éclaircir, tirez au clair ; faites réchauffer s'il s'est refroidi, et servez.

Si vous voulez servir le café à la crème, vous le faites un peu plus fort ; et pendant qu'il s'éclaircit, mettant bouillir votre lait ou votre crème, vous mêlez avec le café en servant.

Chocolat.

Coupez votre chocolat en morceaux, mettez-le dans l'eau bouillante, et faites-le cuire et réduire sur un bon feu. Quand il est réduit, mêlez-le avec votre crème.

Lait de poule.

Faites chauffer de l'eau ; quand elle bout, versez-la dans une tasse avec sucre et fleur d'oranger. Ajoutez un ou deux jaunes d'œufs ; remuez, délayez et buvez chaud.

Bavaroise à l'eau.

Sucrez avec du sirop de sucre une légère infusion de thé, ajoutez fleur d'oranger.

Bavaroise au lait.

Faites la bavaroise au lait comme la bavaroise à l'eau, mettant moitié lait, moitié thé.

CUISINE ÉTRANGÈRE.

En dehors de la cuisine française, la cuisine étrangère n'offre ni un grand nombre de mets extraordinaires, ni une foule de plats bien recherchés.

En Angleterre, les viandes sont ordinairement rôties ; et les légumes, cuits dans l'eau, sont souvent servis sur la table tout simplement avec du sel ou avec une sauce blanche.

Dans le Midi, on emploie communément l'ail et l'huile ; en Espagne, l'oignon, le piment.

Ce qu'il y avait de bon a été modifié, approprié à notre cuisine, assaisonné selon notre goût, et est devenu, pour ainsi dire, mets français. La cuisine française figure sur les tables de toutes les nations pour plus des trois quarts.

Nous allons cependant faire connaître quelques sauces et quelques manières d'accommoder particulières à certains pays.

Potage à la provençale.

Vous mettez dans une casserole quelques oignons coupés en tranches, gousses d'ail, feuilles de laurier, persil ; vous faites frire dans l'huile ; vous ajoutez eau, poivre, sel, muscade. Vous mettez poisson, que vous retirez étant cuit. Vous passez le bouillon à la passoire, avec une pincée de fenouil haché. Vous versez sur le pain.

Rémolade provençale.

Prenez oignons, persil, cornichons ou câpres ; hachez-les. Ajoutez autant de jaunes d'œufs que vous aurez de pincées de ce hachis, avec une pointe d'ail. Pilez de nouveau le tout avec filet d'anchois. Laissez tomber de l'huile goutte à goutte, à mesure que vous pilez. Joignez jus de citron, et servez.

Foie de veau à la provençale.

Faites cuire dans une casserole foie de veau coupé en morceaux, avec lard, poivre, sel, thym, laurier, épices. Quand votre lard et votre foie sont cuits, retirez-les, et allongez la sauce avec pincée de farine, anchois, gousses d'ail, persil, câpres, échalotes hachées. Quand cette sauce est réduite, passez-la et liez de jaunes d'œufs ; mettez jus de citron, et versez sur vos morceaux de foie.

Morue à la provençale.

Votre morue étant cuite et égouttée, mettez-la dans un plat sur un lit d'échalotes, persil, ail, oignons hachés, poivre, deux ou trois cuillerées d'huile, tranches de citron sans la peau, et morceau de beurre. Mettez par-dessus semblable assaisonnement, couvrez de chapelure ; laissez cuire feu dessus, feu dessous, et servez.

Pommes de terre sur le gril.

Faites cuire, mais pas trop cuire, dans de l'eau avec sel, des pommes de terre ; pelez-les, coupez-les en tranches et mettez-les sur le gril à feu très-doux. Quand elles sont croquantes, retirez-les, dressez-les sur un plat ; saupoudrez de sel blanc, arrosez d'huile, et servez.

Potage au riz, au chou et au fromage à l'italienne.

Mettez dans l'eau chaude une poignée de riz avec chou et sel. Laissez attendrir pendant une heure ; égouttez, remettez dans la casserole avec bouillon, jus, beurre, oignons, sel, épices ; faites

cuire, et, au moment de servir, ajoutez fromage
râpé.

Soupe aux herbes à l'italienne.

Faites cuire doucement dans une casserole,
oseille, laitue, cerfeuil, poirée, épinards, avec
beurre, lard de poitrine ou tranche de jambon,
sel, poivre, épices. Ajoutez pincée de farine, eau
ou bouillon maigre et une demi-douzaine d'œufs
bien battus ; ne laissez pas bouillir et trempez.

Macaroni à la napolitaine.

Faites bouillir votre macaroni dans beaucoup
d'eau. Quand il est cuit, ajoutez un peu de sel,
retirez-le du feu et arrêtez l'ébullition avec un peu
d'eau froide. Laissez égoutter un instant et placez
votre macaroni couche par couche, avec du
beurre frais, jus ou coulis, et du fromage râpé.

Foie de veau à l'italienne.

Coupez votre foie de veau en filets minces. Hachez ciboules, carottes, persil, gousses d'ail, feuilles de laurier, thym, basilic. Placez au fond de
votre casserole un lit de vos filets de foie, assaisonnez de poivre, sels, épices, huile et d'une pincée de vos fines herbes ; remettez un lit de foie et

un lit de fines herbes, ainsi de suite. Lorsque tout est employé, faites cuire doucement ; retirez du feu et retirez le foie ; liez la sauce avec pincée de farine, ajoutez verjus ou citron. Faites-y réchauffer le foie et servez.

Canard à l'italienne.

Mettez cuire votre canard avec vin blanc et bouillon, sel et poivre. Retirez la sauce et faites-la réduire avec cuillerée d'huile, ciboule, persil, gousse d'ail, champignons hachés ; liez-la d'une pincée de farine ; versez dessus et servez le canard.

Anguille rôtie à l'italienne.

Votre anguille étant dépouillée, coupez-la par morceaux, et faites-la mariner avec poivre, sel, feuille de laurier. Enfilez ces morceaux à une fine brochette, en mettant entre chacun un petit morceau de feuille de laurier. Attachez cette brochette à la grande broche, et faites cuire à feu vif. Vos morceaux ayant pris couleur et étant arrosés de beurre, vous les panez de mie de pain, de sucre en poudre et cannelle. Lorsque la panure a pris couleur, vous servez.

13

Macaroni au lait.

Faites bouillir votre macaroni dans moitié eau, moitié lait. Lorsqu'il est cuit, enlevez-le avec l'écumoire et mettez-le dans le fond d'un plat sur du fromage râpé et du beurre. Mettez-le ainsi par lits, ayant soin de mettre à chaque lit beurre et fromage râpé. Faites prendre couleur à petit feu dessus et dessous, et servez.

Olla podrida espagnole.

L'olla podrida simple se compose d'un morceau de viande, d'un morceau de lard, d'une poignée de pois chiches, de feuilles de chou et de piment. Tout cela se met dans la marmite et se fait cuire avec plus ou moins d'eau : c'est le dîner complet cuit ensemble et en même temps ; il y a soupe, bouilli, entrée, légumes.

La grande olla podrida a plus de mets, plus de viandes, plus de plats. — Vous mettez à l'olla, c'est-à-dire au pot-au-feu, et ensemble, bœuf, mouton, veau, salé, jambon, volailles, poule, poulet, poularde, canard, perdrix, oiseaux, andouille, cervelas ; choux, carottes, navets, céleri, oignon, poireaux, pois chiches, sel, clous de girofle, safran, piment, épices ; des gésiers de volailles, des foies ; des cœurs d'artichauts, des œufs durs.

Tout cela étant cuit et le potage étant trempé sur des tranches de pain grillées, les viandes se servent : le bœuf, avec les pois et carottes ; la poule sur du riz, le veau avec sauce tomate, le salé avec les choux, les perdrix en salmis.

Ainsi, avec un seul mets composé de toutes sortes de viandes, de volailles, de légumes, vous avez un repas digne d'un grand d'Espagne, et un service complet.

ÉCONOMIE DOMESTIQUE

OBSERVATIONS

CONCERNANT LES ROTIS ET LES VIANDES SUR LE GRIL.

Bœuf, mouton, veau.

Nous avons déjà dit qu'il fallait considérer quelle viande on mettait à la broche, quel degré de cuisson elle pouvait exiger. Toutes les viandes ne demandent ni le même feu, ni le même degré de cuisson. Le bœuf veut être saisi par un feu ardent, vif, et ne jamais languir à la broche, afin de conserver tout son suc. Il en est de même du mouton. La chair du bœuf et du mouton se sert le plus souvent saignante.

Le veau, au contraire, exige un feu doux, et veut être servi bien cuit. Le veau est assez cuit quand, le piquant avec une brochette ou une aiguille, il en sort un jus clair, limpide, et point sanguinolent.

Volailles.

N'exposez point tout d'abord votre volaille à un feu trop ardent, afin que la peau ne brûle pas, ne gonfle pas ; une volaille doit cuire à petit feu, lentement, afin de conserver tout son suc. Les volailles blanches, dindons, chapons, poulets et poulardes, les perdrix, les cailles, peuvent être enveloppées d'un papier frotté de beurre ou d'un papier huilé, et exposées ainsi pendant quelques minutes à un feu plus vif, afin de donner à la peau de la couleur et de la rendre croquante ; mais il faut avoir le soin de retirer ce papier quand on veut arroser.

Cette précaution n'est pas nécessaire pour les oies, les canards, la volaille noire. Leur peau étant ferme, on peut, sans inconvénient, les exposer tout d'abord à un feu vif.

Une volaille noire est cuite quand, étant d'une belle couleur, elle lance des jets de fumée.

Afin de concentrer les sucs dans les viandes que l'on met sur le gril, soit biftecks, soit côtelettes, il faut les faire saisir par le feu ; afin de les manger tendres, il faut aussi ne les retourner

qu'une fois et ne les laisser ni trop cuire, ni trop
dessécher.

Quant au temps que chaque pièce doit rester
au feu, ce temps sera plus ou moins long selon
la grosseur et l'espèce de volaille ou de viande,
le moment de retirer le rôti étant arrivé lorsque
le jus sort et lorsque la fumée jaillit en petits jets.

Préparation des volailles ; moyens de rendre tendres les volailles et les grosses viandes.

Une volaille ne peut pas être tendre, elle ne
peut pas être délicate quand on la fait cuire aussitôt qu'elle est tuée. Il faut auparavant la faire mortifier. Pour la manger à dîner, elle doit être morte
de la veille.

Si l'on est forcé de la tuer et de la mettre au feu
immédiatement, le moyen de l'attendrir est de la
tremper dans de l'eau bouillante et de la plumer
dans cette eau attiédie, ou bien encore, avant de la
tuer, on lui fait avaler une cuillerée de vinaigre.

Ces moyens ont sans doute leur efficacité ; mais
on mangera certainement une volaille plus délicate et plus tendre quand on l'aura tuée vingt-
quatre heures auparavant.

On attendrit les grosses viandes, bœuf, mouton,
veau, en les battant avec un rouleau de bois.

Moyen de donner au mouton ordinaire le goût du mouton pré salé.

Prenez votre gigot de mouton, vos côtelettes ou votre filet, versez dessus une marinade de vinaigre, huile, sel, poivre, oignons, ail, laurier, thym, persil. Laissez mariner deux ou trois jours, faites rôtir, et servez.

Manière de faire fondre le beurre.

Mettez votre beurre dans un chaudron bien propre. Ajoutez feuilles de laurier, clous de girofle. Faites cuire deux ou trois heures à petit feu. Quand le beurre est devenu clair, retirez-le du feu, laissez reposer, écumez, versez ensuite dans les pots de grès ; couvrez bien ces pots et mettez dans un endroit frais.

Autre manière.

Mettez de l'eau sur le feu, faites-la bouillir et mettez votre beurre fondre dans un vase au bain-marie. Enlevez l'écume et tirez au clair dans des pots de grès.

Autre.

Mettez votre beurre dans un chaudron ; faites fondre sur un feu de charbon sans bouillir. A mesure que le beurre fond, prenez-le avec une cuillère et remplissez-en des pots de grès. Couvrez d'un peu d'eau salée, et conservez au frais.

Moyen de conserver quelques jours du beurre frais.

Prenez un petit pot de grès, emplissez-le de beurre jusqu'à un demi-pouce du bord. Tassez-le ; retournez le pot et placez-le dans un petit plat ou une assiette. Versez dans ce plat ou cette assiette un pouce d'eau fraîche. Renouvelez cette eau tous les jours. Prenez de ce beurre à mesure de votre besoin, en ayant soin de retourner le pot chaque fois et de verser l'eau.

Autre manière de le conserver.

Prenez du beurre frais, lavez-le, essuyez-le, enfoncez-le par petits morceaux dans une bouteille. tassez bien ; emplissez jusqu'à la naissance du cou ; bouchez et faites fondre au bain-marie. Le beurre étant fondu, ôtez-le du feu et retirez la bouteille quand l'eau est refroidie. Conservez au frais.

Manière de saler le beurre.

Faites bien sortir le lait de votre beurre ; prenez-en un morceau d'une ou deux livres ; avec un rouleau aplatissez-le sur une table ; saupoudrez de sel, repliez-le et pétrissez de cette façon jusqu'à ce que le beurre soit mêlé avec le sel. Continuez par morceaux d'une livre environ. Mettez-le dans des pots en le pressant fortement pour qu'il ne reste point de vide. Versez par-dessus un peu de sel fondu dans l'eau ; couvrez bien et mettez au frais.

Saindoux.

On ôte à un morceau de porc frais le lard, les rognons, la panne. On coupe par petits morceaux la graisse, et on la fait fondre dans un chaudron à un feu très-doux ; on remue afin que les morceaux ne s'attachent pas au fond, et jusqu'à ce qu'il y en ait une partie de fondue. On ajoute, si on veut lui donner du goût et le conserver, laurier, thym, grains de poivre ; et plus la graisse fond, plus on alimente le feu. La graisse est cuite lorsqu'on ne la voit plus fumer. On la passe alors dans une passoire, ayant soin de remplir les pots jusqu'au bord et de les couvrir de plusieurs morceaux de papier. Quand on veut obtenir le beau saindoux des charcutiers, qu'on emploie tout frais, on le bat pendant le refroidissement.

Épuration des graisses.

Vous retirez de votre graisse de porc les membranes et les filaments. Vous la coupez en morceaux et jetez ces morceaux dans l'eau bouillante. Vous laissez bouillir vingt minutes, ayant soin d'écumer. Vous retirez ensuite ces morceaux afin de les aplatir, de les écraser et d'en faire sortir la graisse. On remet ces morceaux, ainsi pressurés et formant une espèce de hachis, dans l'eau toujours bouillante, et on les laisse environ une heure. On passe avec un linge dans une terrine, et dans cette terrine se trouvent ainsi à la fois la graisse et l'eau bouillante. On enlève la graisse ; quand elle est froide, elle forme une espèce de galette ; on la nettoie par dessous, et on la fait fondre au bain-marie afin d'en extraire complétement l'eau. On verse enfin dans des pots.

Friture.

Ayez un feu clair et ardent, entretenez-le bien et faites fondre votre graisse. Attendez qu'elle soit convenablement chaude, afin que les choses que vous ferez frire soient bien fermes et bien dorées. Si c'est un poisson, tenez-le par la tête, et faites-le entrer doucement par la queue dans la friture.

Lorsque vous le retirerez, ayez soin de l'égoutter, soit sur une passoire, soit dans un linge. Vous n'oublierez ni de le vider, ni de lui faire des incisions sur le dos, s'il est d'une belle grosseur. Vous le servirez dans un plat ou sur une serviette si vous craignez qu'il n'égoutte de la graisse. Quand vous cessez d'avoir besoin de votre friture, vous la laissez refroidir et la versez dans son pot en ayant soin de retirer le dépôt. Ajoutez de temps en temps un peu de friture nouvelle afin de la renouveler.

Panure pour côtelettes.

Prenez un morceau de mie de pain rassis, émiettez-le en le rompant entre vos mains, mettez-le dans un torchon neuf et écrasez bien en frottant ; ajoutez poivre, sel, persil haché. Trempez vos côtelettes, saupoudrées de sel, poivre, dans un morceau de beurre fondu et tournez-les dans la panure ; faites griller, et servez.

Oignons brûlés.

Mettez vos oignons, sur des claies, dans le four. Faites en sorte que le four ne soit pas trop chaud et qu'ils ne brûlent pas. Retournez-les quand ils sont à moitié cuits, laissez-les jusqu'au lendemain et les remettez même cuire une deuxième fois s'ils n'ont pas à la première une couleur et une cuisson suffisantes.

Chapelure.

On obtient de la chapelure en râpant de la croûte de pain bien cuite sur une râpe en fer-blanc. Ou bien on fait sécher au four des croûtes de pain. On les écrase et on les passe dans un tamis.

Conservation des viandes.

Les diverses viandes plus ou moins tendres, plus ou moins sauvages, se conservent plus ou moins longtemps. Les bêtes fauves, comme le sanglier, le cerf, le faisan, le coq de bruyère, se conservent plus longtemps que le bœuf, l'oie, le poulet, le dindon. Elles se conservent aussi plus ou moins longtemps, selon que le temps est plus ou moins sec, plus ou moins froid. Le jugement et l'expérience doivent guider.

Pour conserver la viande fraîche et saine, surtout durant les grandes chaleurs de l'été, il faut la placer dans un garde-manger, entouré d'une bonne toile ne donnant d'aucun côté passage aux insectes. Il faut surtout la bien visiter avant de la mettre dans le garde-manger, afin de voir si quelque mouche n'y aurait pas déjà déposé ses ordures, et la nettoyer. Le garde-manger étant dans un endroit frais, la viande se gardera ainsi saine et bonne pendant deux et même trois jours. Si l'on veut prolonger et aller au delà de ce temps, il faut, pour le bœuf, le faire bouillir à peu près pendant une heure ; quand la graisse surnage, le retirer du feu et le mettre au frais, ayant soin de couvrir hermétiquement le pot ; faire la même chose pour le mouton ; quant au veau et autres viandes qu'on désire mettre à la broche, il faut les faire revenir dans le beurre et les mettre ensuite dans un pot bien fermé.

Dans tous ces différents cas, il faut se donner de garde de saler ni de faire cuire entièrement ; on sale quand on assaisonne lors de la cuisson définitive.

Conservation des poissons.

Pour conserver le poisson, il faut le vider, le laver dans l'eau fraîche, l'essuyer et le placer, comme les viandes, dans un lieu frais à l'abri des insectes.

Pour le préserver aussi de toute corruption, on le met sur le feu dans un vase de terre, avec un peu d'eau et de sel ; on lui fait jeter un bouillon, et on le laisse dans le vase. Le poisson va au fond, l'eau salée l'enveloppe, le couvre ; et le poisson se conserve ainsi facilement deux ou trois jours. Si l'on voulait le conserver plus longtemps, il faudrait le remettre sur le feu, ajouter de nouveau un peu de sel et une feuille de laurier.

Emploi du charbon et du poussier de charbon pour enlever le mauvais goût des viandes et des poissons qui commencent à se corrompre.

Quand le bouillon s'aigrit, quand les viandes sont gâtées, quand le poisson se corrompt, le meilleur parti à prendre, c'est d'en faire le sacrifice et de consentir à leur perte. Si cependant on veut les utiliser et les rendre mangeables, un charbon enflammé, qu'on jette dans le bouillon, mis sur le feu et en ébullition, lui ôte son aigreur ; un sachet de charbon mis parmi l'assaisonnement des vian-des ou des poissons, sans les rendre excellents, permet au moins de les manger.

Conservation des œufs.

A la saison où les poules fécondes pondent en abondance, vous faites provision de nombreux œufs frais. Vous enduisez la coquille d'huile ou de graisse, et laissez sécher. La coque ainsi couverte d'une couche, les œufs sont garantis du contact de l'air. Vous les placez dans une boîte sur un lit de sable, de cendres ou de son. Vous les mettez dans un endroit sec, et vous les conservez fort longtemps.

Il ne faut pas oublier de fermer la boîte chaque fois qu'on en prend, les œufs ne se conservant que parce qu'ils sont privés d'air.

Autre moyen de conserver les œufs frais.

Prenez des œufs bien frais et faites-les cuire à l'eau bouillante comme si vous vouliez les manger à la coque. Retirez-les de l'eau et conservez-les dans un lieu sec et frais. Quand vous voudrez les manger, même après plusieurs mois, vous les mettrez dans l'eau chaude et les servirez comme si vous veniez de les faire cuire pour la première fois.

Conservation des légumes.

Quand on veut conserver des navets, des carottes, des salsifis, il faut d'abord les cueillir par un temps sec. Puis, faisant des sillons ou rigoles dans le sable, on coupe, les feuilles de ces racines à 3 centimètres du fruit, et on les couche à côté les uns des autres. On peut multiplier ces couches, ayant soin seulement de séparer chaque rigole par 3 ou 5 centimètres de sable.

Nous avons dit qu'il fallait cueillir ces légumes par un temps sec : il faut également les mettre à l'abri de la gelée et de l'humidité, par conséquent les éloigner de tous les accidents qui pourraient les faire pourrir.

Conservation des artichauts par la saumure.

Choisissez vos artichauts; prenez ceux qui vous sembleront les plus sains, les plus beaux; préparez-les comme si vous vouliez les faire cuire, c'est-à-dire, coupez la queue à l'extrémité des feuilles. Puis, laissez-les tremper dans l'eau bouillante jusqu'à ce que vous puissiez en enlever facilement le foin. Quand le foin est enlevé, saupoudrez l'intérieur avec du sel broyé fin, et placez-les dans un vase de grès que vous remplissez d'eau, et dans lequel vous mettez une bonne poignée de sel. Après la nuit passée, le lendemain, changez cette première eau, remplacez-la par d'autre; mettez deux ou trois poignées de sel, et ajoutez un verre de vinaigre. Faites ainsi une saumure plus forte. Afin d'éviter le contact de l'air, couvrez votre saumure d'une couche de beurre fondu; et quand vous voulez les manger, afin qu'ils perdent leur goût de saumure, faites-les tremper dans l'eau tiède, et cuire ensuite à grande eau.

Conservation des haricots verts.

Semez des haricots gris, et cueillez-les quand ils sont parvenus à une grosseur ordinaire. Enlevez les extrémités, épluchez-les, et faites-les blanchir de manière qu'ils ne perdent ni leur fermeté ni leur verdeur. Après les avoir égouttés, après qu'ils se sont refroidis, mettez-les dans un pot de grès de deux ou trois litres, de manière que, n'étant pas trop serrés, trop épais, ils puissent baigner dans l'eau. On met dans cette eau une poignée de sel. Le lendemain, on jette cette eau, on remet une saumure plus forte : deux tiers d'eau, un tiers de vinaigre, deux ou trois poignées de sel, et par-dessus, une couche de beurre fondu.

Les haricots verts, traités ainsi, conservent tout leur bon goût et toute leur fraîcheur.

Conservation de l'oseille.

A l'oseille que l'on veut conserver, l'on joint ordinairement de la poirée, du persil, du cerfeuil, du pourpier.

Toutes ces herbes étant bien épluchées, on les

hache, ou, si l'on ne veut pas se donner cette peine, on les met sans les hacher dans un grand chaudron, puis on les fait cuire, en remuant sans cesse pour qu'elles ne brûlent pas et ne s'attachent pas. Quand l'eau commence à tarir, quand l'oseille paraît épaisse et cuite, on la sale, puis on la met dans des pots de grès et on la laisse refroidir. On la couvre ensuite d'une couche de beurre fondu.

Conservation par le vinaigre.

Les cornichons, les câpres, les petits oignons, tous les végétaux qui se mangent avec une saveur acidulée, se conservent dans le vinaigre. Après les avoir fait macérer un jour ou deux dans du sel broyé fin, on les jette dans le vase qui contient le vinaigre, et on ajoute ail et estragon.

Conservation des cornichons.

Nettoyez et brossez vos cornichons; coupez les queues et mettez-les dans une terrine avec une ou deux bonnes poignées de sel. Remuez-les de manière qu'ils soient bien tous imprégnés de sel. Puis laissez-les un jour ou deux dans leur saumure.

Après ce temps, jetez l'eau qu'ils auront rendue, égouttez-les, et, les remettant dans le même vase, ajoutez de nouveau sel et vinaigre.

Le lendemain, ôtez encore cette saumure et remplacez-la par de bon vinaigre accompagné d'herbes aromatiques : estragon, petits oignons, ail, piment, clous de girofle.

Si vous voulez que vos cornichons soient parfaits, au bout de huit jours, retirez le vinaigre, substituez du vinaigre nouveau, et mettez-les dans des bocaux bouchés avec soin.

Artichauts secs.

Coupez vos artichauts en trois ou quatre morceaux; enlevez les feuilles et le foin et mettez-les dans l'eau acidulée de vinaigre; faites-les cuire à peu près à moitié, retirez-les et faites-les égoutter sur des claies. Quand ils sont froids, enfilez-les dans une ficelle et conservez-les dans un lieu sec. Vous les mettrez ensuite dans vos ragoûts où ils achèveront de cuire, et les emploierez comme vous l'entendrez.

Conservation des légumes et des fruits dans des bouteilles.

Les bouteilles ne doivent pas être trop grandes, ni le goulot trop étroit. Trop grandes, elles courraient le risque de rester en vidange; le goulot trop étroit, les objets ne pourraient ni y entrer ni en sortir facilement. Elles doivent surtout être parfaitement et très-solidement bouchées.

Quand les bouteilles sont remplies et bouchées, on les place dans un vase plein d'eau, de manière que l'eau atteigne l'anneau du goulot. On remplit les intervalles avec du foin ou de la paille, de manière qu'elles ne puissent s'entre-choquer.

On met le vase sur le feu; on le couvre pour que la vapeur ne s'échappe pas. On fait cuire ainsi au bain-marie plus ou moins longtemps, puis on cesse le feu et on laisse refroidir avant de retirer les bouteilles. On goudronne le bouchon et on met à la cave.

Observations concernant la conservation des légumes et des fruits dans des bouteilles.

Pour éviter que la chaleur ne casse les bouteilles dans le bain-marie, il ne faut les remplir que jusqu'au cou, et même moins si elles ne contiennent que des liquides.

Il faut cueillir les légumes ou les fruits dans la pleine saison, afin qu'ils ne soient ni trop verts, ni trop aqueux. Il ne faut les cueillir que pour les employer immédiatement.

Plus la saison est pluvieuse, moins les fruits ou les légumes doivent rester dans le bain-marie.

Il faut une heure et demie de bouillon pour les petits pois. Le clamart est le meilleur. Une heure pour les fèves ; une heure et demie pour les haricots verts ; deux heures pour les haricots blancs.

Afin de faire sortir plus facilement les légumes des bouteilles, on les remplit d'eau tiède. Quand ils sont sortis, on les lave à l'eau chaude, on les égoutte, et on achève de faire cuire ceux qui ne le sont pas assez par le procédé de conservation.

Conservation des fruits.

Plus les fruits sont durs et fermes quand on les cueille, plus facilement on les conserve. Les fruits mûrissent vite exposés à l'air et à la chaleur : on peut donc retarder leur maturité en les privant de lumière et de chaleur. Les fruits à pepins se conservent plus facilement que les fruits à noyaux.

Les fruits que l'on veut conserver doivent être placés dans une chambre étroite ; la fenêtre calfeutrée doit à peine y donner du jour. Ils sont mis sur des planches ; ils ne se touchent pas afin que le contact de ceux qui se gâtent ne puisse faire gâter les autres.

Si vos fruits sont beaux et extraordinaires, enveloppez-les séparément dans des sacs de fort papier et suspendez-les au plancher. Suspendez de cette même manière le raisin, la queue en bas ; ou bien encore mettez-le dans des tiroirs privés d'air.

Plus on met de sucre avec les fruits quand on les fait cuire, mieux ils se conservent.

Quand on veut mettre des fruits en bouteille, on écrase des fruits de l'espèce de ceux qu'on veut conserver, on passe le jus, et quand les fruits et le sucre sont dans les bouteilles, on les remplit avec ce jus.

On conserve les groseilles en les égrenant, en les tassant dans les bouteilles, et en y joignant à peu près une livre de sucre en poudre par bouteille.

Pour conserver des framboises, il faut les cueillir peu mûres, afin qu'elles ne s'écrasent pas dans les bouteilles. On en fait du sirop de vinaigre, comme il a été dit plus haut, en mêlant aux framboises un tiers de vinaigre.

Pruneaux.

Étalez sur des claies de belles prunes de Sainte-Catherine, mûres, et mettez-les au four, lorsque le pain en est retiré. Remettez-les une seconde fois lorsque le four sera chauffé de nouveau ; mais auparavant remuez-les, retournez-les. Vous les mettrez même une troisième fois si cela vous paraît nécessaire et si elles ne vous semblent pas assez faites. Vous les étalez ensuite dans un lieu sec, aéré; puis enfin vous les arrangez dans de petites caisses, couche par couche, enveloppées de papier blanc et garnies de quelques feuilles de laurier.

Moutarde.

Mettez dans une assiette moutarde en poudre très-fine, avec un peu de sel fin ; versez vinaigre et délayez avec une cuillère de bois. Laissez fermenter jusqu'au lendemain et servez-vous-en. Vous pouvez lui donner le goût d'assaisonnement, en faisant bouillir le vinaigre et le versant sur estragon, cerfeuil, civette, pimprenelle, poivre, sel, muscade, ail, girofle, en passant cette infusion dans un linge, laissant refroidir et la mêlant ensuite à la moutarde en poudre.

DES VINS.

La cave, étant le lieu où doivent demeurer les vins, étant pour ainsi dire leur habitation, doit être saine et exempte de ce qui pourrait les vicier et leur nuire. Elle ne doit être ni trop humide ni trop sèche, ni trop basse ni trop élevée. Trop élevée, il faut la garantir en fermant les soupiraux et contre les excessives chaleurs, et contre les grands froids : elle est bonne quand elle est à l'abri des variations extrêmes des saisons. Destinée au vin, elle doit loger son hôte seul, et ne donnerait point sans inconvénient asile à des herbages, à des racines, à des choses qui fermentent. Elle exige qu'on tienne loin d'elle tout ce qui a mauvaise odeur; elle ne veut point de voisinage malpropre, et l'ébranlement même des voitures et des machines lui nuit et la fatigue.

Quand votre cave est préparée, nette et propre, descendez-y vos tonneaux et dressez-les d'aplomb sur des chantiers élevés de cinq à six pouces au-dessus du sol, la bonde en dessus. Calez-les de chaque côté, afin qu'immobiles la lie aille au fond du tonneau.

Visitez vos fûts de temps en temps; voyez s'il

ne leur est pas arrivé d'accident. Si le vin coule par quelque fissure, par l'éclat d'une douve, enduisez de suif ; si l'opération ne suffit pas, si le vin coule toujours, introduisez du papier ou du linge avec la pointe de votre couteau, et enduisez avec du mastic composé avec de la craie et du suif fondu.

Voyez si vos tonneaux sont bien pleins ; remplissez-les avec du vin de même qualité, s'ils ne le sont pas, et gardez-vous surtout de les laisser débondés ou prendre l'air, n'importe de quelle façon : ils perdraient leur bouquet et certainement se détérioreraient.

Du lavage et de l'entretien des tonneaux vides.

Quand vos tonneaux sont neufs, faites bouillir dans une chaudière des pampres ou des feuilles de pêcher, jetez cette décoction dans vos tonneaux, agitez-les en tous sens, de manière que tout l'intérieur en soit humecté, et lavez-les bien.

Lorsque vos tonneaux qui étaient pleins viennent d'être vidés, on fait sortir toute la lie, on les égoutte, et, après y avoir brûlé une mèche, on les bonde hermétiquement et on les met dans un endroit sec.

Du collage des vins.

Quand le vin, avant de partir de la cave du propriétaire ou du marchand qui le vend, a été soutiré, le collage devient inutile ; mais, quand il ne l'a pas été, quand il arrive troublé au lieu d'être clair, afin de le clarifier, il est bon de le soumettre au collage.

Pour coller une barrique de vin rouge, on retire de cette barrique une ou deux bouteilles de vin ; on prend quatre blancs d'œufs, on bat ces quatre blancs d'œufs avec une demi-bouteille de ce vin ; on ôte la bonde ; on introduit dans la pièce un bâton fendu vers le bout, on agite ce bâton en tous sens, on remue fortement. Après quelques minutes, on retire ce bâton et on verse les blancs d'œufs. L'on introduit de nouveau le bâton dans la pièce, l'on remue encore ; enfin on remplit la barrique avec le vin tiré d'abord ; puis, après avoir frappé autour de l'ouverture, afin de faire dégager les bulles d'air et tomber la mousse, on bondonne avec soin.

Plus le vin est chargé en couleur, plus il faut de blancs d'œufs pour le coller. Il faut éviter de coller pendant la floraison de la vigne et pendant que le raisin change de couleur.

On colle aussi les vins, et surtout les vins blancs, avec de la colle de poisson. Un litre de cette colle suffit pour le collage d'une pièce.

Quand on colle une barrique de vin nouveau, il faut laisser un peu de jour à la bonde, ou faire auprès un petit trou avec un foret. Le vin, étant en fermentation, a besoin, pour ne pas faire sauter les cercles, d'avoir un peu d'air.

Soutirage.

On soutire les vins, soit quand on veut les transporter, afin que la lie ne se mêle pas au vin, soit lorsque le collage ne les a pas éclaircis, soit enfin lorsqu'ils sont malades ou chargés de fleurs. Ils se chargent de fleurs lorsqu'on les laisse trop longtemps en vidange. Le moyen de débarrasser le vin de ces fleurs est de le passer dans un linge fin ou un morceau d'étamine.

Dans l'un ou l'autre cas, le soutirage est le même et se fait de la même manière. Il faut toujours éviter les époques où le vin travaille, où la lie pourrait être en mouvement.

Remplissage.

Une pièce a beau être mise pleine en cave, peu à peu le vide se fait en elle, et de temps en temps elle a besoin d'être remplie. Il faut donc la visiter au moins tous les mois, la remplir de vin de même qualité ; et, quand on la rebouche, mettre à la bonde un morceau de linge blanc.

Maladies des vins.

Une foule de causes différentes influent sur les vins, les détériorent, et les rendent quelquefois si mauvais qu'on ne peut les boire.

Les principales maladies du vin sont : le goût d'évent, de fût, de moisi, d'œuf pourri ; les fleurs, l'aigre, la graisse, la gelée, la fermentation.

Quand un tonneau, soit débondé, soit par quelque ouverture, a pris l'air, le vin a le goût d'évent. On tire parti de ce vin en le mêlant avec du vin jeune et spiritueux ; ou bien, si le goût d'évent est léger, en le soutirant et le mettant dans un bon tonneau que l'on mèche, et dans lequel on verse un litre d'esprit-de-vin.

Il est difficile de rendre bon un vin qui a pris le goût de moisi, de fût, d'œuf pourri. Lorsque ce goût n'est pas très-prononcé, on peut soutirer le vin, et, le mélangeant avec d'autre excellent, faire disparaître son vice ; mais il faut opérer avec prudence, craignant toujours, au lieu d'arriver à un résultat heureux, de voir le mauvais vin gâter le bon.

Les fleurs ne viennent au-dessus du vin que parce que la pièce est en vidange. Il suffit donc, pour s'en débarrasser, de la remplir, de souffler à la bonde pour faire jaillir et tomber ces fleurs en dehors ; ou bien encore, de passer le vin soit dans un linge fin, soit dans un morceau d'étamine.

Les vins tournent à l'aigre, quelquefois quand on les transporte par un temps chaud ; souvent quand ils sont faibles et n'ont pas de spiritueux ; et plus souvent encore, quand ils sont en vidange et n'ont pas été suffisamment soutirés. Le remède est de les coller d'abord, ensuite de les soutirer dans une pièce fortement méchée.

Le vin gras ne coulant plus clair et limpide, ressemble à un liquide huileux. On introduit un bâton fendu dans la pièce atteinte par cette maladie, et on agite fortement le vin. Après quelques jours de repos, on soutire, on rebat encore le vin avec le bâton après le soutirage, puis on le colle avec addition d'esprit-de-vin, et on recommence plus tard cette opération, s'il est nécessaire, jusqu'à ce que le vin soit revenu à son état naturel.

Le vin surpris par le froid, et qui est gelé, n'est pas entièrement perdu. Ce n'est pas pour lui une

14.

maladie, mais un fâcheux accident. Quand la pièce est descendue dans la cave ou mise dans le cellier, on la perce, on retire le vin qui est resté liquide, et on abandonne ce qui est gelé comme n'étant bon à rien.

Lorsque le vin nouveau travaille, fermente, et menace de faire sauter les cercles ou le fond des tonneaux, il faut lui donner de l'air, soit par la bonde, soit par un petit trou de foret. On tire aussi quelques bouteilles ; alors l'effervescence s'apaise ; il ne jaillit plus par le trou, et bientôt on peut y mettre la bonde et le fausset.

En général, les vins malades deviennent rarement bons ; les remèdes n'ont pas toujours des effets efficaces ; il arrive même souvent qu'un vin malade, abandonné à lui-même, se bonifie et acquiert une qualité que l'on n'aurait pu lui donner par un traitement.

Des vins en bouteilles.

Pour être mis en bouteilles, un vin ne doit pas être trop jeune ; il faut qu'il ait passé auparavant trois ou quatre années en pièce. Lorsqu'il est arrivé à sa maturité, lorsqu'il semble excellent, afin de le conserver et de le rendre encore meilleur, on le met en bouteilles.

Les vins blancs n'ont pas besoin d'être gardés si longtemps en fûts. Si on les mettait en bouteilles quand ils sont trop nouveaux, ils travailleraient et casseraient les bouteilles ; mais vers la fin de la première année de fût, on leur fait subir parfaitement cette opération.

Le vin doit être mis en bouteilles pur et limpide. Il ne déposera pas, ou déposera moins, si l'on évite le temps de la floraison et du changement de couleur du raisin ; si l'on choisit un temps beau, froid et sec.

Avant de commencer le tirage, on visite les bouteilles, on les nettoie, on retire celles qui ont mauvaise odeur, et on les met sécher sur des planches trouées.

On choisit des bouchons souples, doux et neufs, et on bouche les bouteilles, ayant soin de ne pas les remplir entièrement, mais de laisser un vide de 3 à 5 centimètres dans le goulot entre le vin et le bouchon.

On goudronne, si l'on veut, les bouchons, afin de les garantir contre l'humidité, et afin que, le bouchon venant à se détériorer, le vin ne prenne pas l'air.

Une fois remplies, bouchées et goudronnées, les bouteilles se placent en piles, le goulot en bas.

Plus on garde longtemps du vin en bouteilles, plus il dépose ; la couleur tombe au fond. Quand on veut le boire, il faut le déboucher avec précaution, ne point l'agiter, et le verser très-doucement dans des carafes ou dans les verres : on s'arrête quand le vin arrive trouble.

Propriétés sanitaires, nutritives et digestives des aliments.

Ce n'est pas le tout de manger, il faut encore manger de manière que la nourriture profite ; ce n'est pas celui qui mange le plus ou de meilleurs mets qui se porte le mieux, qui est le plus gras ; mais celui qui, en mangeant, consulte son estomac, qui lui donne les viandes qu'il préfère et qu'il digère le mieux.

En outre, les viandes, les poissons, les légumes sont plus ou moins bons, plus ou moins lourds, plus ou moins sains et nutritifs.

La fécule qui se trouve en abondance dans les fèves, dans les lentilles, dans les haricots, dans les pois, dans les pommes de terre, est d'une digestion facile ; elle produit un sang riche. Mais il faut que ces légumes soient bien cuits pour que la matière mucilagineuse ait disparu.

Les chairs des animaux jeunes, qui contiennent beaucoup de gélatine, sont moins nourrissantes que les chairs des animaux faits et d'un âge mûr.

La chair du bœuf est l'aliment le plus nourrissant et le plus réparateur que puisse prendre l'homme.

Le mouton est presque aussi nourrissant que le bœuf. Rôti comme le bœuf, il a une action digestive et excitante.

Le porc est lourd, échauffant ; cependant, assaisonnée par un charcutier habile, sa chair, très-nourrissante, devient digestive.

Le poulet, le perdreau, sont légers et d'une digestion facile.

Les oiseaux sauvages, les bécasses, les cailles, les perdrix, les alouettes, le chevreuil, le cerf, ont la chair délicate, excitante, mais très-échauffante.

Les écrevisses, les crabes, les crevettes, les homards ont la chair nutritive, mais échauffante ; la morue, la truite, le maquereau, le saumon sont nourrissants, mais lourds. L'anguille et la lamproie sont lourdes et d'une digestion lente. Le merlan, l'éperlan, la limande, le goujon, la sole, le carrelet, le turbot, le brochet ont la chair tendre et ne chargent point l'estomac.

Le sang de boudin nourrit, mais il est indigeste. Les foies gras sont toujours indigestes.

Les huîtres, fraîches et légères à l'estomac, sont excellentes et facilitent la digestion.

Le jaune de l'œuf est nourrissant, le blanc seul durci est d'une digestion difficile ; mêlé au jaune, il se digère facilement.

Le lait est un aliment qui affaiblit plutôt qu'il ne donne des forces. Mêlé au sucre, au café, à des aromates, il est d'une facile digestion.

Les fromages excitent l'appétit et se digèrent bien. Le beurre, plus agréable et plus nourrissant que l'huile et la graisse, se digère facilement.

Les champignons sont lourds et indigestes. On les emploie ordinairement dans les sauces; il faut les manger jeunes, bien les choisir; il faut surtout ne jamais les manger en trop grande quantité.

Les empoisonnements par les champignons ne sont pas rares. On ne peut donc prendre trop de précautions.

Les légumes sont plus ou moins rafraîchissants, plus ou moins nourrissants. La chicorée, les salsifis, les topinambours sont plus nourrissants que la poirée, les épinards, le pourpier, la romaine, la laitue. L'oseille est acide et rafraîchissante ; on peut dire la même chose de la tomate. Le melon n'a pas tout à fait les défauts qu'on lui attribue, il n'est fiévreux qu'autant qu'on en mange avec excès. Le céleri échauffe et est d'une digestion difficile. Le poireau est sain et doux. Le chou a des propriétés venteuses et indigestes ; il est moins malfaisant assaisonné au gras. Les salades assaisonnées de substances excitantes et douces réveillent l'appétit ; mais elles se digèrent difficilement à cause de leur crudité.

Les fruits, presque tous acides, sucrés et nourrissants, sont d'une digestion facile quand on les mange bien mûrs. La cuisson fait disparaître la crudité de ceux qui sont acerbes, et les rend digestifs.

Les amandes, les noix, les noisettes deviennent indigestes en vieillissant : leur sécheresse ne les empêche pas d'être nourrissantes ; mais cette sécheresse huileuse altère et fatigue la poitrine.

Enfin, pour les viandes, les légumes et les fruits, chacun doit consulter ses facultés digestives. Tel mets paraît délicieux à telle personne, qui répugne à telle autre. Il faut toujours et avant tout consulter son estomac.

RENSEIGNEMENTS DIVERS

Nettoyage de l'argenterie, des couteaux de table, des lampes, des ustensiles de cuisine.

Une bonne maîtresse de maison ne doit jamais négliger de tenir propre tout ce qui sert au service de la table, tout ce qui est à la cuisine. L'argenterie elle-même veut de temps en temps être savonnée et passée au blanc d'Espagne : sans cette précaution, elle noircit et peut même prendre le vert-de-gris. Quand l'argenterie est nettoyée, on la frotte avec un morceau de peau et on lui donne ainsi un beau brillant. Après l'argenterie, on nettoie les couteaux : point encore ici de négligence. Rien n'est beau comme de voir sur une nappe bien blanche briller les cuillères, les fourchettes et les couteaux. On polit les couteaux sur une planche à terre pourrie, prenant soin de ne point user le tranchant.

Chaque matin, les lampes qui ont éclairé la veille doivent être nettoyées. On essuie les verres. on coupe les mèches, on fait en sorte que les mouchures ne tombent pas dans l'intérieur ; puis on les garantit de la poussière pendant le jour.

Une demi-heure avant la nuit on les remplit d'huile, et quand enfin les ténèbres arrivent, on les monte et on les allume.

C'est surtout en ce qui concerne les ustensiles de cuisine que la négligence serait impardonnable, car elle pourrait aller jusqu'à occasionner les plus graves indispositions, et même quelquefois des empoisonnements. On récure les casseroles et les chaudrons avec du grès ou du sable fin ; on mêle ce sable avec un peu d'eau et on frotte à l'aide d'un chiffon. Les casseroles récurées doivent être exposées au soleil ou au feu, afin de sécher promptement.

L'intérieur des ustensiles étamés se nettoie avec de l'eau bouillante et de la cendre. Il faut prendre garde, en frottant, d'enlever l'étamage.

Les ustensiles en fer-blanc se récurent de la même manière ; quant à ceux en étain, ils se nettoient tout simplement avec du blanc d'Espagne et de l'eau.

Destruction des mouches.

Rien n'est désagréable comme de voir ces insectes importuns voler autour de soi quand on est à table, et quelquefois tomber dans les verres et aller mourir sur les mets et dans les sauces que l'on doit manger. On les détruit au moyen d'assiettes remplies d'eau et d'arsenic gris, ou de fioles d'eau sucrée ou miellée. Mais tous ces moyens restent le plus souvent impuissants, et les mouches semblent renaître au fur et à mesure qu'on les détruit. Le meilleur moyen de s'en préserver est de les empêcher d'entrer dans nos cuisines ou dans nos salles à manger, en voilant les fenêtres et en rendant nos appartements frais et obscurs.

Moyen d'éteindre les feux de cheminée.

Lorsque l'incendie se déclare, commencez par éteindre le brasier de la cheminée, soit en jetant dessus quelques poignées de soufre écrasé, soit par tout autre moyen. Puis bouchez l'ouverture de la cheminée avec un drap bien mouillé, afin d'arrêter le courant d'air. Si le feu prend dans une poêle à frire, ou si quelque corps gras s'enflamme tout à coup, le meilleur moyen est de retirer de la cheminée le vase dans lequel le feu a pris, en ayant soin de l'éloigner de tout objet qui pourrait s'enflammer, et prenant garde surtout de ne pas se brûler soi-même. La matière enflammée se refroidit alors, la flamme baisse, et en couvrant le vase avec un torchon bien mouillé, le feu s'éteint.

Dans tous les cas, ne jetez jamais d'eau sur le

feu, l'eau jetée ainsi brusquement, ne faisant que rendre la flamme plus violente.

Asphyxie par la chaleur, la vapeur de charbon.

Quand une personne est asphyxiée par le charbon, avant tout autre secours, il faut l'exposer au grand air, couchée sur le dos, la poitrine et la tête un peu plus élevées que le reste du corps ; il faut asperger le visage, la poitrine et la surface du corps avec de l'eau un peu attiédie et continuer les aspersions jusqu'à ce que la respiration commence à revenir ; il faut frotter la poitrine et le corps avec un linge trempé dans de l'eau de vinaigre ou de l'eau de Cologne ; essuyer de temps en temps les parties mouillées avec des serviettes chaudes, et continuer les frictions. On irrite en même temps la paume des mains, la plante des pieds et l'épine du dos avec une flanelle et une brosse ; on présente sous le nez des allumettes soufrées, et on chatouille les fosses nasales avec la barbe d'une plume.

Si le malade revient à la vie, il faut le coucher dans un lit bien chaud, laisser les fenêtres ouvertes, et faire boire quelques cuillerées d'un bon vieux vin.

Brûlures.

Aussitôt qu'on s'est brûlé, il faut plonger la partie brûlée dans l'eau froide et mettre dans cette eau deux cuillerées d'extrait de Saturne. On l'y laisse pendant quelque temps. Si on se brûle aux bras ou aux jambes et qu'on ne puisse plonger dans l'eau la partie blessée, il faut appliquer dessus des compresses imbibées de cette eau d'extrait de Saturne ; on renouvelle ces compresses et on arrose souvent.

Quand les ampoules sont formées, après quelque temps on les perce afin d'en faire couler l'eau, ayant bien soin de ne pas enlever l'épiderme. Si on n'a pu le conserver, si la peau est enlevée, il faut panser la plaie avec un linge doux, très-fin, sur lequel on étend un peu de cérat.

Gerçures des mains, crevasses.

Les gerçures et les crevasses viennent aux mains quand on les plonge alternativement dans l'eau froide, dans l'eau chaude, dans l'eau de vaisselle ; le moyen de les guérir est de les frotter avec un corps gras, huile d'olive, beurre frais ou cérat, et de les mettre à l'abri d'un air trop vif.

Engelures.

Il vient des engelures aux mains lorsque, les ayant très-froides, on les réchauffe trop promptement. On guérit les engelures en les soignant avec la pommade de concombre, l'huile d'olive ou le cérat de Galien.

Tisanes.

TISANE PAR INFUSION.

On fait une tisane par infusion en versant de l'eau bouillante sur les substances à infuser, ou en mettant ces substances dans l'eau en ébullition. Dans l'un ou l'autre cas, on a soin de retirer le vase du feu et de le couvrir. L'ébullition prolongée altérerait les principes des fleurs et des feuilles.

Les tisanes par décoction se font en laissant bouillir plus ou moins longtemps les substances : bois, racines, fruits, graines. L'ébullition fait sortir de ces substances les principes qu'elles contiennent. Ainsi se font les tisanes de chiendent, de guimauve, etc., etc.

FIN

TABLE DES MATIÈRES

FIN DE LA TABLE.

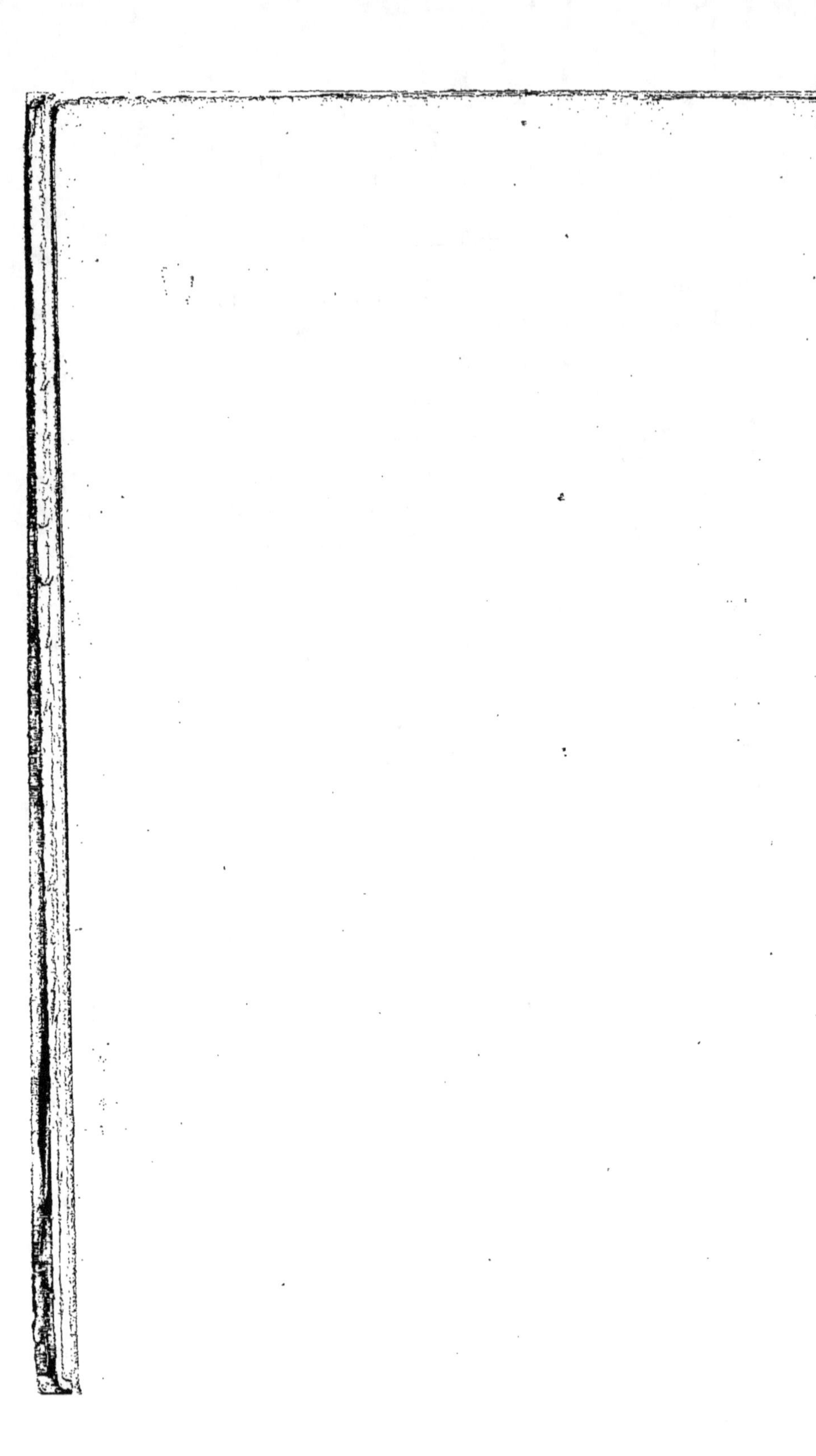